© 2018
Herstellung und Verlag: BoD – Books on Demand,
Norderstedt.

MniConsult GmbH

Uwe Irmer
Dipl. Ing. Univ.
Dipl. Wirtschaftsingenieur

ISBN: 9783752842500

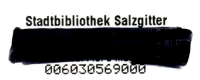

„Erfolg ist, von Fehler zu Fehler zu stolpern, ohne den Verlust an Enthusiasmus"
Uwe Irmer, Juni 2018

Cloud Security Grundlagen

Inhaltsverzeichnis

Vorwort *4*

KAPITEL EINS **6**

Abkürzungen *6*

Abbildungsverzeichnis *8*

Definitionen *9*

Fussnoten *10*

KAPITEL ZWEI **11**

Einstieg in die Cloud Technologie **11**

    Zentrale Begriffe 14

    Entstehung und Entwicklung der Cloud Technologie 16

    Deployment Modelle..21

    Motivation zum Umstieg auf die Cloud Technologie.....24

    Wie ist die Situation Stand 2018? 30

KAPITEL DREI **36**

Cloud Computing Architektur **36**

    Übersicht über Cloud Lösungen 37

    Cloud Architekturen 41

    Bewertung der Architekturen hinsichtlich der Kriterien49

    Cloud Objekte 59

Cloud Security Grundlagen

KAPITEL VIER 68

Governance und Enterprise Risk Management 68

Information Governance 78

Enterprise Risk Management 80

Enterprise Risk Management 88

Enterprise Risk Management im Zusammenhang mit der Cloud Technologie 90

Bedeutung von Governance und ERM für die Cloud Technologie 99

KAPITEL FÜNF 101

Datenschutz in der Cloud 101

Einführung in den Datenschutz 101

Situation in den einzelnen Ländern 102

Bedeutung der Datenschutz Gesetze für die Cloud Technologie 110

KAPITEL SECHS 111

Compliance und Audit Management 111

Bedeutung von Compliance und Audit Management für die Cloud Technologie 118

KAPITEL SIEBEN 119

Information Sicherheit Management System für Cloud Technologien 119

Cloud Security Grundlagen

Beschreibung, Aufbau und Implementierung des ISMS ..124
ISMS Aufbau 131
ISMS- Leitlinien, Prozesse und Verfahren........................ 134
Schritte zur Festlegung eines Information Sicherheit Managementsystems ISMS.. 136

KAPITEL ACHT 148
Cloud Security- Quo vadis? 148

Veränderungen im Unternehmen................................... 148
Zusammenhang zwischen GCR und ISMS 151
Governance... 153
Cloud Risk 155
ISMS.. 156
Compliance 156
Anmerkungen zu den Kosten 158
Checkliste Massnahmen zur Cloud Security 160

KAPITEL NEUN 164
Quellenverzeichnis... 164

Cloud Security Grundlagen

Vorwort

Die Cloud Technologie scheint der Business Treiber der letzten Jahre zu sein. Entsprechend mehreren Studien suchen international Konzerne sowie kleine und mittlere Unternehmen KMU ihre Informationstechnologie in die Cloud zu verlagern.

Die Erwartungshaltungen sind hoch und kurz zusammengefasst:
Niedrige Kosten für die Nutzung der Informationstechnologie, flexible Nutzung und Fakturierung, technologisch stets auf dem aktuellsten Stand, hohe Verfügbarkeit, hohe Agilität, keine Bindung eigener Ressourcen, keine Verantwortung für Betrieb und Wartung.

Eine verlockende Idee.

Aber wie ist es mit der Einhaltung der Governance, der Verantwortung gegenüber der Information Sicherheit und dem Datenschutz? Wie wird die Cloud Technologie compliant in das Unternehmen integriert, welche Verantwortung hat das Management, wie sind Prozesse anzupassen, welche Auswirkungen entstehen für das Unternehmen, was sind die Risiken?
Und wie schützt sich das Unternehmen vor Datendiebstahl, Manipulation, Zerstörung und allenfalls Spionage?

Diese Fragen legt die Buchserie „Cloud Security" offen und zeigt Lösungen auf.

Das vorliegende Buch „Cloud Security Grundlagen" ist Teil 1 der Serie „Cloud Security". In diesem werden die

Cloud Security Grundlagen

grundlegenden prozessoralen Massnahmen beschrieben und Ausblicke auf die technischen Massnahmen beschrieben.

Teil 2 der Serie ist das Buch „Cloud Security Best Practice". In ihm werden Massnahmen zur prozessoralen Umsetzung und vertieft technische Massnahmen beschrieben.

Warum die Aufteilung in zwei Bücher?
Die Cloud Technologie hat Innovationszyklen von etwa 6 Wochen. In diesem Zeitraum ändern sich technologische Eigenschaften, Fähigkeiten der Services und Prozesse.
Während der eine Teil, die Governance, Compliance und Anpassung der Unternehmen Prozesse einen geringeren Innovationszyklus erfährt, ist der zweite Teil, die Technologie und die Anpassung der Prozesse, sehr agil.

Appenzell im Juni 2018
    MniConsult GmbH
    Uwe Irmer
    Dipl. Ing. Univ.
    Dipl. Wirtschaftsingenieur

Cloud Security Grundlagen

KAPITEL EINS

Abkürzungen

Abkürzung	Erlläuterung
COSO	Committee of Sponsoring Organizations of the Treadway Commission
CPU	Central Processing Unit
CRM	Customer Relationship Management
DNS	Domain name service
ERM	Enterprise Risk Management
GPS	Global Positioning System
IAM	Identity an Access Management
IKS	Internes Kontroll System
IoT	Internet of Things
ISMS	Information Sicherheit Management System
IT	Informationstechnologie
KI	Künstliche Intelligenz

Cloud Security Grundlagen

KMU	Kleine und mittlere Untermehmen
LDAP	Lightweigt Directory Access Protocol
NIST	National Institute of Standards and Technology
SLA	Service Level Agreement
SMS	Short Message Service
SQL	Structured query language
SSL	Secure socket layer
VPN	Virtuelles privates Netzwerk
WAF	Web Application Firewall
WLAN	Wireless Local Area Network

Cloud Security Grundlagen

Abbildungsverzeichnis

Abbildung 1: Cloud Technologie

Abbildung 3, Deming Zyklus

Abbildung 4, Anforderungen und Lösungen der Cloud Technologie

Abbildung 5, Aspekte zur Wahl der Cloud Architektur

Abbildung 6, Cloud Modelle und Einflussnahme

Abbildung 7, Governance- Risk- Compliance

Abbildung 8, Zyklus des Risk Managements

Abbildung 9, Risikomatrix

Abbildung 10, Verständnis des Enterprise Risk Management

Abbildung 11, Cloud Optionen

Abbildung 12, Cloud Governance

Abbildung 13, Audit Prozess

Abbildung 14, Präferenzen Cloud Architektur

Abbildung 15, Containerisierung

Abbildung 16, Zusammenhang der Grund Cloud Architekturen

Abbildung 17, Bewertung der Cloud Architekture

Cloud Security Grundlagen

Definitionen

Definition 1, Ressource
   Definition 2, Service
   Definition 3, Service Provider
   Definition 4, Consumer
   Definition 5, Service Level Agreement SLA
   Definition 6, Cloud Technologie
   Definition 7, Verfügbarkeit von Services
   Definition 8, IT Governance
   Definition 9, Information Sicherheit
   Definition 10, Entität
   Definition 11, Asset
   Definition 12, Daten
   Definition 13, Information

Cloud Security Grundlagen

Fussnoten

Fussnote Nummer	Gegenstand
1	Dropbox
2	Edward Snowden
3	Salesforce
4	Docker
5	Kubernetes
6	Mesosphere

KAPITEL ZWEI

Einstieg in die Cloud Technologie

Die Cloud Technologie übt eine schier faszinierende Magie auf Personen und Unternehmen aus, sodass der Eindruck entsteht, es müssten dringend alle Daten und Anwendungen in die Cloud verlagert werden um ja nicht den Anschluss zu verpassen. Viele Services wie Dropbox[1] oder die vielen freien Webmail Angebote sind schnell auf den Smartphones, Tablets und PC installiert und sofort einsetzbar.

Den grossen Start um Unternehmen in die Cloud zu bringen vollzog Microsoft, als es mit Office 365 im Juni 2011 live ging. Gerade viele Kleine und mittlere Unternehmen KMU in der Schweiz drängten seinerzeit auf das Angebot von Office 365 und verlagerten ihre IT in die Cloud Technologie. Zu verlockend war die Tatsache, keine eigenen Server mehr betreiben zu müssen, ein Office Paket zu haben das immer aktuell ist, ein email Server, der nicht mehr gewartet werden muss und schliesslich Speicher und Dokumentenablage inklusive Backup. Endlich konnte die eigene IT Infrastruktur aus dem Unternehmen verbannt werden.

Einen Rückschlag erlitt die Euphorie im Jahr 2013, als Edward Snowden[2], ein ehemaliger CIA Mitarbeiter, NSA Agent und Whistleblower, mit seinen

---

[1] https://www.dropbox.com
[2] Edward Snowden, Veröffentlichung der Geheimdienstunterlagen PRISM, Tempora und XKeyscore

Cloud Security Grundlagen

Enthüllungen über die weltweiten Überwachungs- und Spionageaktivitäten, überwiegend der US Amerikanischen und Britischen Geheimdienste, die NSA Affäre auslöste. Damit erfuhren Privatpersonen als auch Unternehmen, dass Zugriff auf die Daten in der Cloud besteht, dass Kommunikation abgehört wird, dass emails und Telefonate mitgeschnitten werden und von den Geheimdiensten gesammelt werden. Gerade in der Schweiz war seinerzeit das Vertrauen in Cloud Services nicht mehr gegeben, sogar das Vertrauen gegenüber Unternehmen wie Microsoft.

Mittlerweile im Jahr 2018 ist unstrittig, dass Unternehmen die Cloud Technologie nutzen und in den nächsten Jahren verstärkt Services aus der Cloud nutzen werden.

Ebenso unstrittig ist aber, gerade mit den Erkenntnissen der Snowden Enthüllungen, dass die Cloud Technologie prozesstechnisch und regelkonform in das Unternehmen integriert werden muss. Gesetze und Regularien müssen eingehalten werden und das Unternehmen muss seine Schutzbedürfnisse auch in der Cloud Technologie erfüllen.

Was dies im Einzelnen bedeutet, worüber sich das Unternehmen Gedanken machen muss und welche Anpassungen nötig sind, dies wird in den nachfolgenden Kapiteln erörtert.

Das Buch startet mit einer Einführung in die Cloud Technologie. Hier werden zentrale Begriffe definiert, es wird die Cloud Technologie beschrieben, vorhandene Lösungen, Architekturen und Objekte, die in der Cloud Technologie zur Verfügung stehen. Es werden Studien analysiert, die die Bedürfnisse der Unternehmen betreffend der Cloud Technologie darstellen. Daraus ergeben sich die Anpassungen in den einzelnen

Cloud Security Grundlagen

Domänen eines Unternehmens, um die Cloud Technologie sicher einsetzen zu können.

Als Erstes folgt die Betrachtung der Unternehmen Governance und des Risk Management. Hier erfolgt eine Analyse, welche Anpassungen nötig sind für einen sicheren Einsatz der Cloud Technologie.

Weiter das Thema Datenschutz. Hier wird erörtert, was Datenschutz speziell für die Cloud Technologie bedeutet und was das Unternehmen umsetzen muss, um gesetzeskonform die Cloud Technologie zu nutzen.

Im Bereich Compliance und Adit Management die Beschreibung der Anpassungen an das Thema Cloud Technologie.

Schliesslich der Bereich Information Sicherheit und die Erweiterungen im Information Sicherheit Management System ISMS, die einen sicheren Einsatz der Cloud Technologie ermöglichen.

Abschliessend erfolgt eine Zusammenfassung der untersuchten Änderungen sowie eine Checkliste mit den wichtigsten Massnahmen.

Zuerst aber der Einstieg in die Cloud Technologie selbst und die Definition zentraler Begriffe, die in diesem Buch verwendet werden.

Cloud Security Grundlagen

Zentrale Begriffe
Zum gemeinsamen Verständnis der verwendeten Begriffe an dieser Stelle deren Definition.

Ressource

Eine Ressource im Zusammenhang mit der Cloud Technologie ist eine Komponente, die aus der Cloud bezogen wird und die kombinierbar ist. Beispiele für Ressourcen sind virtuelle Netzwerke, Storage oder virtuelle Server.

Definition 1, Ressource

Service

Ein Service ist die Kombination von Ressourcen die für geschäftsrelevante Prozesse benötigt werden. Ein Beispiel hierfür ist das Customer Relationship Management (CRM) System. Dieses besteht aus der Kombination von virtuellen Netzwerken, virtuellen Anwendungsservern, Datenbankservern, Benutzerauthentifizierung und vielen weiteren mehr. Das CRM System unterstützt den Geschäftsprozess Kundenbeziehungen.

Definition 2, Service

Cloud Security Grundlagen

Service Provider

Ein Service Provider stellt Services für Dritte zur Verfügung. Je nach Ausprägung der Verträge übernimmt der Service Provider mit mehr oder weniger Umfang den Betrieb und die Wartung der zugehörigen Ressourcen.

Definition 3, Service Provider

Consumer

Der Consumer bezieht Services von einem Service Provider. Zum Beispiel ein Unternehmen, welches Services aus der Cloud Technologie von einem Service Provider bezieht.

Definition 4, Consumer

Service Level Agreement SLA

Dies beschreibt eine schriftliche Vereinbarung zwischen dem Service Provider und dem Consumer betreffend der Qualität und den Eigenschaften eines Service.

Definition 5, Service Level Agreement SLA

Cloud Security Grundlagen

Entstehung und Entwicklung der Cloud Technologie

Definition Cloud Technologie

An dieser Stelle erfolgt die Definition für Cloud Technologie sowie ihre wesentlichen Eigenschaften.

Cloud Technologie ist das Modell einer Informationstechnologie, bei der Services dynamisch entsprechend dem Bedarf verändert werden können. Dabei besteht die Möglichkeit, dass die Services beliebig von einem oder mehreren Service Providern bezogen werden können und dass der Consumer die Services nach seinen Bedürfnissen kombinieren kann.

Definition 6, Cloud Technologie

Cloud Security Grundlagen

Charakteristika von Cloud Technologie

Die US Amerikanische NIST (National Institute of Standards and Technology) hat in ihrem Dokument „NIST Special Publication 800-145" [2] wesentliche Charakteristika definiert um die Cloud Technologie zu beschreiben. Entsprechend der nachfolgenden Übersicht sind dies

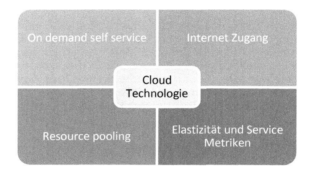

Abbildung 1: Cloud Technologie

On demand Self Service:
Darunter versteht sich die Fähigkeit, dass ein Consumer selbständig Services und Ressourcen aus der Cloud Technologie beziehen kann. Dies ist ein vollständig automatisierter Prozess der keinerlei personellen Eingriff seitens des Service Provider erfordert.

Dem Consumer ist es so möglich, die Services und Ressourcen aufgrund ihrer Eigenschaften beliebig zu kombinieren, es können Services erweitert und reduziert werden.

Cloud Security Grundlagen

Internetzugang:
Die Services der Cloud Technologie sind über das Internet zugänglich. Dabei kommen Standard Mechanismen zum Einsatz. Als Client dienen gängige Gerätetypen wie Workstations, Tablets oder Smartphones.

Resource pooling:
Die physischen und virtuellen Ressourcen des Service Providers sind in einem Pool zusammengefasst. Die jeweiligen Services, die die Consumer vom Service Provider beziehen, werden aus dem Pool gemeinsam und gleichzeitig bezogen, in dem Ausmass in dem die Ressourcen zur Verfügungstellung der Services benötigt werden. Prinzipiell ist die Bereitstellung der physischen und virtuellen Ressourcen standortunabhängig. Daraus resultiert, dass in der Cloud Technologie weder der Service Provider noch der Consumer Kenntnis darüber haben, wo innerhalb eines Services die Daten augenblicklich gespeichert und verarbeitet werden. Je nach Service Provider können also Services Geo Global bereitgestellt werden. Allerdings ist es dem Consumer möglich, mit dem Service Provider gewisse Einschränkungen in der Geo Globalität zu vereinbaren. So zum Beispiel die Vereinbarung, dass Daten Speicherung und Verarbeitung ausschliesslich in Europa erfolgen.
Abschliessend lässt sich bemerken, dass für die Bereitstellung der Cloud Technologie zwingend der Einsatz virtueller Ressourcen gefordert ist.

Elastizität:
Die Services können elastisch an jeweilige Lastspitzen angepasst werden. Einerseits durch den Eingriff des Consumers, der die Services um weitere Ressourcen erweitert. Dies entweder durch die horizontale Elastizität. Dies meint die Bereitstellung

weiterer gleichartiger Ressourcen wie zum Beispiel virtuelle Server.

Oder durch die vertikale Elastizität. Dies meint die Skalierbarkeit einer Ressource hinsichtlich der Leistung, also der Bereitstellung weiterer virtueller CPU oder von weiterem virtuellem Speicher.

Gleichermassen erfolgt auch die Reduktion von Leistung durch Verringerung der Kapazitäten.

Dabei kann nicht nur der Consumer skalieren sondern es ist auch die voll automatische Skalierbarkeit in diesem Zusammenhang vorgesehen.

Service Metriken:
Die Cloud Technologie kontrolliert und optimiert den Einsatz von Ressourcen automatisch. Dies wird durch metrische Fähigkeiten der Cloud Technologie erreicht. Beispiele für Metriken in diesem Zusammenhang sind die Storage Benutzung, die Auslastung der Rechenleistung, Netzwerk Bandbreite oder die Anzahl aktiver Anwender und Zugriffs Accounts. Zudem fördern die Service Metriken die Transparenz zum Consumer. Dies ermöglicht es sowohl dem Service Provider als auch dem Consumer jederzeit Einblick in die Auslastung der Ressourcen und der Verfügbarkeit und Performance der Services zu erhalten.

Gartner ergänzt in seiner Studie „Gartner Highlights Five Attributes of Cloud Computing" [1] um dieses Attribut:

Service basiert:
Der Consumer stellt sich die gewünschten Services in einem Service Web Portal zusammen. In diesem sind die einzelnen Services und Ressourcen genau spezifiziert.

Interessant sind auch noch unterschiedliche Verrechnungsmodelle der Service Provider. Mittels

Cloud Security Grundlagen

dieser Modelle ist es dem Consumer möglich, die Kosten für die Bereitstellung bestimmter Services zu flexibilisieren. In Zeiten hohen Bedarfs an Ressourcen werden im Rahmen der Skalierbarkeit mehr Ressourcen konsumiert, in Zeiten weniger Bedarfs entsprechend weniger. Dieses Verrechnungsmodell ist schwer umsetzbar solange der Consumer auf seine eigene Rechenzentrum Infrastruktur zurückgreift. Im eigenen Rechenzentrum werden die Ressourcen vorgehalten, unabhängig davon ob diese genutzt werden oder in Reserve bereitstehen. Die Investitionen für alle Ressourcen hat das Unternehmen jedoch getätigt. Eine Kostenflexibilisierung ist nur gegenüber den internen Businesspartnern möglich.

Allerdings ergeben sich beim flexiblen Kostenmodell der Cloud Technologie neue buchhalterische Aspekte, denn im Fall flexibler Abonnements werden keine Investitionen mehr getätigt. Es besteht dann keine Möglichkeit mehr für das Unternehmen, Investitionen steuerlich als Abschreibungen geltend zu machen.

Cloud Security Grundlagen

Deployment Modelle

Wie zuvor in diesem Kapitel beschrieben wird Cloud Technologie durch einen Service Provider bereitgestellt. Die Services werden für die einzelnen Consumer mittels Ressource Pooling bereitgestellt.

Für den Consumer bedeuten diese zwei Aspekte

dass der **Ort**, an dem Daten eines Service gespeichert und verarbeitet werden, weder für den Service Provider noch für den Consumer bekannt sind. Lediglich bei einigen Service Providern lassen sich geografische Einschränkungen vereinbaren.

dass die **Ressourcen** der Cloud Technologie für mehrere Services verwendet werden. Auch für Services unterschiedlicher Consumer, die nicht aus demselben Unternehmen kommen.

Vorgegriffen auf die Überlegungen in den nachfolgenden Kapiteln betreffend Informationssicherheit und Datenschutz, haben sich die nachfolgenden Deployment Modelle der Cloud Technologie etabliert.

Private Cloud:
In diesem Fall stellt ein Unternehmen oder eine Organisation die Cloud Technologie ausschliesslich für sich selbst zur Verfügung. Die Consumer sind ausschliesslich Geschäftseinheiten der eigenen Organisation.

Cloud Security Grundlagen

Die Bereitstellung der Cloud Technologie erfolgt ebenfalls ausschliesslich innerhalb der eigenen Organisation oder durch geeignete Cloud Provider, die eine isolierte und private Infrastruktur bereitstellen können. Wobei Betrieb und Wartung entweder durch eigenes Personal oder durch Mitarbeiter von Partnerunternehmen erfolgen. Betreffend der Geo Lokation sind Szenarien wie Onshore, Nearshore oder Offshore denkbar. Ansätze die später in diesem Buch betrachtet werden.

Community cloud.
Dieser Fall beschreibt die Situation der Private Cloud, allerdings werden die Services exklusiv Consumern einer Gemeinschaft oder Community zur Verfügung gestellt. Eine Community ist der Zusammenschluss mehrere Unternehmen oder Organisationen, die gemeinsame Interessen verfolgen.

Public cloud.
Dies ist der Hauptansatz der Cloud Technologie. Viele Consumer von unterschiedlichen Unternehmen und Organisationen teilen sich gemeinsam und gleichzeitig die Ressourcen, bereitgestellt durch einen Service Provider. Die Ressourcen sind weltweit verteilt, der Ort der gegenwärtigen Datenverarbeitung oder Speicherung sind sowohl dem Consumer als auch dem Service Provider unbekannt.

Hybrid cloud.
Dieser Ansatz beschreibt die Kombination von Private Cloud, Community Cloud und Public Cloud. Das bedeutet dass sich der Consumer Überlegungen betreffend der Orte für Datenspeicherung und Datenverarbeitung gemacht hat und gemäss entsprechenden Vorgaben eine Aufteilung der Services

auf die unterschiedlichen Cloud Deployments vornimmt.

Wir werden später in diesem Buch dazu kommen welche Überlegungen hinter einer derartigen Deployment Strategie stehen.

Allen Deployment Szenarien liegen auch wirtschaftliche Aspekte zugrunde. Einer der Hauptmotivationen für die Verlagerung von Services in die Cloud Technologie ist die Einsparung eigener Aufwände für die IT Infrastruktur.

Dies gelingt am besten bei der Public Cloud, hier werden nur die Services berechnet die im Abrechnungszeitraum aktiv waren. Der Hauptanteil sind variable Kosten und primär OpEx, also Betriebsausgaben. Ein geringer Teil sind Fixkosten für das Personal, welches die Cloud Services konfiguriert und für das Business bereitstellt.

Anders bei der Private Cloud mit einem hohen Anteil an Fixkosten für Personal und CapEx, also Investitionsausgaben für längerfristige Anlagegüter, in diesem Fall Server und Rechenzentrumsinfrastruktur.

Cloud Security Grundlagen

Motivation zum Umstieg auf die Cloud Technologie

Wie in der Vergangenheit auch, so sehen sich heute die IT Abteilungen der Unternehmen und Organisationen mehreren Herausforderungen gegenübergestellt.

Als Erstes sei hier der ständig bestehende Kostendruck zu nennen. Die Unternehmenseinheiten, oder oftmals auch als das Business bezeichnet, stehen selbst im Wettbewerb mit konkurrierenden Unternehmen und stehen vor der Herausforderung, Leistungen kostengünstig an den Markt zu bringen. Dieser Kostendruck wird an die IT Abteilung weitergegeben, die nun ihrerseits vor der Herausforderung steht, IT Services kostengünstiger bereitzustellen.

Zudem betreiben die meisten Unternehmen aktuell eigene Rechenzentren. Zwar sind überwiegend die Server virtualisiert, dennoch müssen hohe Ausgaben für Server Hardware, Netzwerkinfrastruktur sowie den Betrieb und der Wartung der Rechenzentren aufgewendet werden.

Die steigenden Anforderungen aus dem Business müssen geplant und in der Rechenzentrum Infrastruktur abgebildet werden. Die IT Abteilungen bilden so unter anderem Leistungsreserven in den Rechenzentren, um zu erwartende Laststeigerungen oder auch Lastspitzen abfangen zu können. Andererseits ist aber damit ein hoher Anteil ungenutzter und damit zu teuren Ressourcen vorhanden. Die IT Abteilungen suchen daher ihrerseits nach flexiblen Ressourcen, die den momentanen Anforderungen schnell angepasst werden können.

Cloud Security Grundlagen

Ein zweiter Ansatz ist das zunehmende Verständnis der IT Abteilungen, weg vom Dienstleistungserbringer hin zum Business Enabler. Ein Verständnis also, dass nur mit der Bereitstellung von Services das Business überhaupt erst fähig wird, noch besser und agiler am Markt operieren zu können. So wird es für das Business immer wichtiger, schnell mit neuen Produkten auf den Markt zu kommen.

Diese Agilität kommt damit in die IT Abteilungen, was bedeutet, dass Services schneller, mit neuen Leistungsmerkmalen und hoher Qualität erbracht werden können.

Der dritte Ansatz kommt aus den IT Abteilungen selbst. Um Agilität einerseits und Kostensenkung andererseits leisten zu können, müssen Prozesse innerhalb der IT Abteilungen noch mehr automatisiert werden. Verglichen mit der Industrialisierung des 19. und 20. Jahrhunderts sowie der konsequenten Einführung der Fliessbandfertigung durch Henry Ford Anfang des 20 Jahrhunderts, versteht die Industrialisierung der IT die zunehmende Automatisation von IT Prozessen. Weitere Ansätze der IT Industrialisierung sind:

- Standardisierung und Automatisierung: In den IT Prozessen werden Standards geschaffen, ebenso wie hinsichtlich der genutzten Ressourcen ebenfalls nur noch Standards zum Einsatz kommen. Ziel ist es, damit die Kosten für die Bereitstellung von Services deutlich zu reduzieren. Dies in starker Anlehnung an die Fliessbandfertigung von Henry Ford, der erstmalig das Ford Model T aus Standardkomponenten herstellen liess bei einem hohen Mass an Automatismus in der Produktion.
- Modularisierung: Ziel dieses Ansatzes ist es, Gruppen von standardisierten Ressourcen

Cloud Security Grundlagen

einzusetzen, mit denen unterschiedliche Services bereitgestellt werden. Stehen fertige Module zur Verfügung, die sich beliebig kombinieren lassen, dann wird es möglich, kostengünstig Standard Services bereitzustellen. Zudem ist der Gedanke, dass sich durch getestete und erprobte Standard Module schnell neue Services erzeugen lassen, was der Grundforderung der Agilität unterstützt.

- Kontinuierlicher Verbesserungsprozess: Aus dem Qualitätsmanagement ist der Demming Zyklus oder auch PDCA Zyklus bekannt. Mittels dieser Methode soll eine ständige Verbesserung und damit ein ständig steigender Reifegrad der Prozesse erreicht werden. Mit der Phase Plan wird die Einführung eines Prozesses geplant sowie die Analyse der Unterschiede zwischen dem gewünschten SOLL Zustand eines Prozesses und des IST Zustands. In der anschliessenden Phase Do erfolgt die Evaluierung und das Optimieren des Konzepts zur zügigen Einführung der Verbesserungen. In der Phase Check erfolgt die Überprüfung an einem Pilotbeispiel, wie die Prozess Verbesserung eingeführt werden kann. Abschliessend mit den vorhergehenden Ergebnissen erfolgt in der Phase Act die breite Einführung der Veränderungen an dem Prozess. Anschliessend wiederholt sich der Prozess mit dem Ziel, sämtliche Prozesse der IT Industrialisierung zu standardisieren, zu optimieren und somit einen möglichst hohen Reifegrad zu erreichen. Die nachfolgende Grafik fasst nochmals zusammen.

Cloud Security Grundlagen

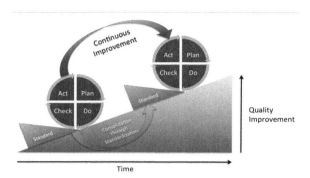

Abbildung 3, Deming Zyklus [3]

Ein weiterer Gedanke der IT Industrialisierung ist zudem die Konzentration auf die Kernkompetenzen der IT Abteilung. Allerdings ist hier kritisch zu hinterfragen, ob die IT Abteilung das selbstgesteckte Ziel des Business Enablers mit der Strategie der Konzentration auf Kernkompetenzen erreichen kann.

Wie ausgeführt bedeutet Business Enabler, Möglichkeiten für das Business zu schaffen um agil und schnell am Markt operieren zu können. Die IT muss also Anforderungen erkennen bevor diese kommuniziert werden. Dies wiederum bedeutet, dass die IT selbst agil bleiben muss und künftige Technologien schnell erkennen und adaptieren muss. Ein Widerspruch also, wenn sich die IT lediglich auf Kompetenzen verlassen will und sich nicht einem ständigen Veränderungsprozess unterziehen will.

Auf der Suche nach Lösungen für die aufgezählten Ansätze und Anforderungen gewinnt nun die Cloud Technologie an Bedeutung.

Die Cloud Technologie ist flexibel hinsichtlich der Kosten. Tatsächlich sehen viele Cloud Modelle vor, dass Services nur in dem Umfang Kosten verursachen in dem die Services konsumiert werden. Zudem

Cloud Security Grundlagen

können Services bei Nicht Bedarf abgestellt werden, sind aber unmittelbar verfügbar sobald diese angefordert werden.

Die zweite Anforderung der Agilität ist durch die Cloud Technologie ebenfalls sehr gut erfüllt. So kann der Consumer schnell und flexibel neue Services aus der Cloud Technologie bereitstellen.

Den dritten Ansatz der IT Industrialisierung unterstützt die Cloud Technologie ebenfalls sehr gut. Services aus der Cloud Technologie sind in hohem Mass standardisiert und modular. Ebenso die Ressourcen, mit denen der Consumer eigene Services kombinieren kann. Dazu hat die Cloud Technologie ein hohes Mass an Automatisation, mittels der Services und Ressourcen bereitgestellt werden.

Zusammenfassend zeigt die nachfolgende Grafik die Motivation der IT Abteilungen zum Wechsel zur Cloud Technologie.

Cloud Security Grundlagen

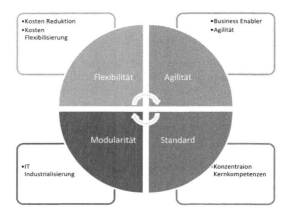

Abbildung 4, Anforderungen und Lösungen der Cloud Technologie

Cloud Security Grundlagen

Wie ist die Situation Stand 2018?

Nach allen vorausgegangenen Überlegungen soll an dieser Stelle geklärt werden, wie sich die Situation in 2018 darstellt sowie welche Trends für die kommenden Jahre zu erwarten sind.

In einer Studie aus 2017 fasst KPMG die Situation in Deutschland folgendermassen zusammen: ([4] KPMG Cloud Monitor 2017)

- Compliance Anforderungen und Cloud Security rücken in den Fokus der Anwender
- 65% der Unternehmen nutzen Cloud Technologie
- 18% planen oder diskutieren den Einsatz
- 50% der Unternehmen mit mehr als 2000 Mitarbeitern nutzen Public Cloud Services, aber nur 29% der KMU
- 53% der Unternehmen haben keine Strategie zum Einsatz von Cloud Technologie
- 77% der Cloud Consumer erwarten vom Service Provider, dass er seinen Sitz im Rechtsgebiet der EU hat

Ergänzend hierzu geht die Computerwoche der Frage nach, welche Cloud Services am häufigsten genutzt werden. Es sind dies

- Künstliche Intelligenz und Machine Learning im Rechenzentrum
- Serverless Infrastructure
- IoT

Aus [5] https://www.computerwoche.de/a/die-top-5-cloud-trends-2017,3326633,2

Cloud Security Grundlagen

Interessant an dieser Stelle ist, dass die Unternehmen entsprechend der Studie offenbar noch nicht bereit sind, Kernprozesse ihrer IT in die Cloud zu verlagern. Stattdessen werden neue Technologien genutzt.

Mittels künstlicher Intelligenz und Machine Learning nutzen die Unternehmen rechenintensive Technologien, um neue Erkenntnisse aus dem vorhandenen Datenstamm zu gewinnen. Zum Beispiel die Prognose des Kaufverhaltens der Kunden, zu erwartende Kundenanforderungen oder auch das Erkennen von Missbräuchen bei der Nutzung von Services. Die Daten werden dabei anonymisiert und ohne Bezug auf Personen in die Cloud zur Berechnung gebracht. Eine Technologie, die die Unternehmen seit vielen Jahren aus dem Testumfeld ihrer Services kennen. Und die die Unternehmen aus den bekannten Anforderungen des Datenschutzes und der Information Sicherheit anwenden.

Serverless Infrastructure ist der Ansatz, Services ohne eine Server Infrastruktur bereitzustellen. Eine neue Methode der Bereitstellung von Services. Die Unternehmen wollen ihr Wissen um diese Technologie erweitern, jedoch nicht eigene Infrastrukturen aufbauen.

IoT, das Internet der Dinge, ist ebenfalls ein neuer Ansatz um Microgeräte mit verschiedenen Sensoren an Bord massenhaft auszurollen, um zentral diese Informationen auszuwerten. Zum Beispiel die Übertragung sämtlicher Parameter der Triebwerke von Verkehrsflugzeugen an den Triebwerk Hersteller, online mittels IoT. Somit kann der Hersteller vorausschauend Wartungseinsätze der Triebwerke planen, Verschleiss und Unregelmässigkeiten im Vorfeld erkennen und kombiniert mit Machine Learning sogar Prognosen abgeben.

Cloud Security Grundlagen

Die Ansätze sind vielfältig und werden in Zukunft an Bedeutung gewinnen. Gegenwärtig aber, ebenso wie Machine Learning, für die meisten Unternehmen ein Gebiet, um sich technologisch weiterzuentwickeln.

Schliesslich die nachfolgende Übersicht, welche die Anteile an hosted private Cloud, IaaS und PaaS, der Cloud Service Provider weltweit zeigt:

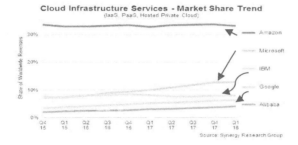

[6] https://www.it-markt.ch/news/2018-05-02/aufholjagd-im-cloud-geschaeft-auf-kosten-der-kmus

IaaS meint Infrastructure as a Service und bedeutet, dass der Service Provider Infrastrukturen eines Rechenzentrums für den Consumer zur Verfügung stellt.

PaaS meint Plattform as a Service und bedeutet, dass der Service Provider Plattformen als managed Services bereitstellt. Das heisst, der Consumer kann die Plattform nutzen ohne sich um die Wartung und den Betrieb der darunterliegende Infrastruktur, zum Beispiel Serverhardware und Betriebssystem, befassen zu müssen.

Cloud Security Grundlagen

Im Kapitel „Cloud Computing Architektur" wird vertieft auf diese Thematik eingegangen.

Die Grafik zeigt, dass alle Cloud Provider einen Zuwachs seit dem ersten Quartal 2016 verzeichnen, wobei Microsoft mit seiner Azure Cloud den meisten Zuwachs verzeichnen kann. Unverändert hoch, allerdings ohne Zuwachs, ist der Marktanteil von Amazon.

Für die Situation in der Schweiz wird auf die Studie der IDC in Zusammenarbeit mit der Swisscom zurückgegriffen ([7] IDC Cloud Computing in der Schweiz 2016).

Demnach haben 55% der Schweizer Unternehmen eine Private Cloud Lösung im Einsatz, 25% eine Public Cloud Lösung und 21% eine Hybrid Cloud Lösung.

Interessant sind auch die Anforderungen der Schweizer Unternehmen an den Cloud Provider:

1. Speicherort der Daten muss Schweiz sein
2. Hohe Verfügbarkeit der Services, wobei in der Studie nicht spezifiziert ist, wie Verfügbarkeit definiert ist und was hohe Verfügbarkeit bedeutet.
3. Einhaltung der Datenschutzbestimmungen
4. Hohe Sicherheit des Rechenzentrums. Auch hier ist der Begriff „Hohe Sicherheit" nicht näher spezifiziert.
5. Interoperationalität mit der bestehenden IT Landschaft.

Gemäss der Studie sind in jedem Fall die Schweizer Unternehmen bereit, in Zukunft auf Cloud Lösungen zu setzen. Erkennbar ist das am geplanten Budget für Ausgaben in die Cloud Technologie. Sind es 2016 931

Cloud Security Grundlagen

Millionen Schweizer Franken, so sind in 2020 1'991 Millionen Schweizer Franken budgetiert.

Und welche Trends dürfen erwartet werden? Zur Klärung dieser Frage wird auf die Studie von Forrester [8] „Forrester's 10 Cloud Computing Predections für 2018" zurückgegriffen.

Demnach dürften die grössten Anteile an internationalen Marktanteilen bei Amazon, Google und Microsoft liegen, allerdings mit nur geringem Wachstum von 76% in 2018 auf 80% in 2020.

Ferner erwartet Forrester, dass 50% der globalen Unternehmen einer Public Cloud Lösung vertrauen werden um die digitale Transformation voranzubringen.

Schliesslich noch zwei technologische Aspekte, die an späterer Stelle in diesem Buch analysiert werden: Die Plattform Microsoft Azure wird sich technologisch in Public und Hybrid Cloud Lösungen durchsetzen. Und Kubernetes, eine Technologie zur Container Orchestrierung, wird sich durchsetzen.

Die Studien zusammengefasst lässt sich besonders für den Schweizer Standort der Trend ab 2018 folgendermassen beschreiben:

Die Bereitschaft zum Wechsel zu Cloud Technologie ist vorhanden, es werden bereits entsprechende Budgets eingestellt.

Es werden die grossen Cloud Provider wie Amazon, Google und Microsoft bevorzugt, wobei Microsoft zum bevorzugten Provider zu werden scheint.

Cloud Security Grundlagen

Ein hohes Bedürfnis am Datenspeicher Ort in der Schweiz ist gegeben, ebenso die Einhaltung des Schweizer Datenschutzes.

Es herrscht Unsicherheit betreffen der Themen Compliance und Informationssicherheit.

Zusammengefasst lässt dies zwei Kernpunkte erkennen:

1. Die Bereitschaft zum Wechsel zur Cloud Technologie ist vorhanden.
2. Es ist erkannt worden, dass der Wechsel nicht einfach so wie in den Jahren vor 2013- der Schock aufgrund der Snowden Veröffentlichungen, siehe Fussnote (2)- erfolgen kann, sondern dass Governance, Risk, Datenschutz und Informationssicherheit zu beachten sind. Es ist aber unklar wie dies erfolgen soll.

In den nachfolgenden Kapiteln wird dies erörtert. Zuerst aber zum besseren Verständnis der Technologie das folgende Kapitel „Cloud Computing Architektur"

KAPITEL DREI

Cloud Computing Architektur

In diesem Kapitel werden die Architekturgrundlagen der Cloud Technologie behandelt.

Im ersten Teil erfolgt eine Übersicht über die einzelnen Lösungen, die die Cloud Technologie zur Verfügung stellt.

Im zweiten Teil werden die unterschiedlichen Architekturen vorgestellt. Hierbei erfolgt auch eine erste Bewertung hinsichtlich Sicherheitsgedanken.

Im dritten Teil schliesslich eine Übersicht über die einzelnen Objekte, die in einer Cloud Technologie zur Verfügung stehen.

Abschliessend werden noch einige Ansätze aufgezeigt, wie die Sicherheit in einer Cloud beeinflusst werden kann. Tiefer in diese Thematik wird im Kapitel „Information Sicherheit Management System für Cloud Technologien" eingegangen.

Cloud Security Grundlagen

Übersicht über Cloud Lösungen

Wie bereits im Kapitel „Einstieg in die Cloud Technologie" angesprochen wurde, entwickelte sich die Cloud Technologie aus verschiedenen technischen Ansätzen. So wurden bereits in den Anfangs 2000 er Jahren Techniken bereitgestellt, die heute wieder im Zusammenhang mit Cloud Lösungen beschrieben werden.

Die älteste dieser Lösungen ist Infrastructure as a Service IaaS. In diesem Fall stellt der Service Provider dem Consumer Infrastrukturen wie Netzwerk, Storage, Rechenleistung, Firewalls oder auch die Infrastruktur eines Rechenzentrums zur Verfügung. Der Consumer kann entsprechend dem vereinbarten SLA die gebuchten Services benutzen. Dabei gilt zu beachten, dass der Service Provider die Infrastrukturen bereitstellt und dass der Consumer keine Kontrolle darüber hat. Vergleichbar mit gemieteten Infrastrukturen in einem klassischen Rechenzentrum ist der Consumer für den Betrieb und die Wartung der Services verantwortlich.

Platform as a Service PaaS. Bei dieser Lösung stellt der Service Provider dem Consumer eine funktionsbereite Plattform inklusive allen benötigten Services wie Netzwerk, Storage, Rechenleistung und gegebenenfalls Programmierumgebungen und Frameworks zur Verfügung. Der Consumer kann diese Plattform nutzen, hat allerdings keinen Einfluss auf die basierenden Services oder Konfigurationen. Anders als beim IaaS ist der Consumer auch nicht für den Betrieb und die Wartung der Plattform verantwortlich. Ein Beispiel für PaaS ist ein Anwendungsserver für die

Cloud Security Grundlagen

Entwicklung oder den Betrieb von webbasierten Anwendungen.

Software as a Service SaaS. Dieser Service beschreibt die nächste Stufe für den Consumer, um weg vom Betrieb eigener Infrastrukturen hin zum vollständigen Bezug von Services zu gelangen. Bei dieser Lösung bezieht der Consumer eine komplette Software Lösung wie zum Beispiel Salesforce, eine cloud basierte Customer Relationship Management Lösung. Auf alle basierenden Services und Infrastrukturen hat der Consumer keinen Einfluss. Auch ist der Consumer nicht für den Betrieb und die Wartung der Infrastruktur und der Softwarelösung verantwortlich.

---

[3] 3 http://salesforce.com

Cloud Security Grundlagen

Die nachfolgende Übersicht zeigt, wie die drei Grund Cloud Lösungen aufeinander aufbauen:

SaaS
PaaS
IaaS

Abbildung 16, Zusammenhang der Grund Cloud Architekturen

Basierend auf den drei bislang vorgestellten Cloud Lösungen haben sich in letzter Zeit weitere Modelle entwickelt.

Einen ersten interessanten Ansatz liefert hier User Interface as a Service UIaaS. In diesem Fall stellt der Service Provider dem Consumer virtuelle Desktops oder mobile Lösungen zur Verfügung. Wie bereits bei SaaS hat der Consumer keinerlei Einfluss auf die basierenden Services, inklusive der Situation, dass der Consumer nicht für Betrieb und Wartung der Services verantwortlich ist.

Einen weiteren Ansatz bietet CaaS, wobei sich hier zwei unterschiedliche Services mit derselben Namensgebung etabliert haben.

Zum einen ist CaaS Communication as a Service. Dies bedeutet für den Consumer, dass er vollständige

Cloud Security Grundlagen

Kommunikationslösungen wie VoIP, VPN Tunnels oder Unified Messaging beziehen kann.

Zum anderen versteht CaaS Container as as Service. Im nachfolgenden Kapitel "Cloud Objekte" wird tiefer in das Thema Container Services eingegangen. An dieser Stelle soviel vorweg: Der Container Ansatz ist ein neuer Architekturansatz, um Anwendungen zu virtualisieren und in der Cloud zu betreiben. Dabei werden die Vorteile der Cloud Technologie umgesetzt um Anwendungen entsprechend der Belastung zu skalieren um so Lastspitzen abzubauen. Zudem bieten Containerlösungen aufgrund ihrer eigenen Architektur ein hohes Mass an Sicherheit.

Um eine Container Infrastruktur aufzubauen benötigt der Consumer diese Komponenten:

- Eine- virtuelle- Serverinfrastruktur mit Server, Betriebssystem, Storage und Netzwerk
- Eine Container Schicht auf Basis des Betriebssystems
- Ein sogenanntes Orchestrierungssystem um die einzelnen Container innerhalb der Container Plattform zu verwalten und zu pflegen.

CaaS stellt nun alle diese Services bereit, sodass der Consumer direkt auf der Orchistrierungsplattform seine Anwendungen auf Containerbasis verwalten kann. Der Serviceprovider übernimmt die Verantwortung für den Betrieb und die Wartung der Containerplattform. Der Consumer dagegen übernimmt die Verantwortung für den Betrieb und die Wartung der containerisierten Anwendungen.

Cloud Security Grundlagen

Cloud Architekturen

Bei der Wahl der Cloud Architektur sind verschiedene Aspekte zu berücksichtigen. Einen Überblick bietet die nachfolgende Grafik:

Abbildung 5, Aspekte zur Wahl der Cloud Architektur

Cloud Security Grundlagen

Daten Ort

Wie bereits im Kapitel „Wie ist die Situation Stand 2018?" in der Studie der IDC erwähnt, beschäftigen sich viele Unternehmen mit der Frage, wo in der Cloud letztendlich die Daten gespeichert sind. Grundlage dieser Überlegung ist einerseits die Einhaltung von Datenschutzgesetzen, andererseits aber auch die Frage, ob Daten unbemerkt abgegriffen werden können.

Betrieb und Wartungskosten

Wie bereits beschrieben sind die Kosten ein Motivator für den Wechsel zur Cloud Technologie. Die Unternehmen wollen mit diesem Schritt dem wachsenden Kostendruck begegnen und zudem flexibel auf neue Anforderungen reagieren können. Abhängig von der Wahl der Cloud Architektur fallen jedoch unverändert Kosten für Betrieb und Wartung der Cloud Technologie an. Im Extremfall kann sogar von einem weiteren Rechenzentrum ausgegangen werden.

Verfügbarkeit der Services

Die IDC Studie „Cloud Computing in der Schweiz" [7] stellt bereits heraus, dass der Punkt Verfügbarkeit der Services ein sehr wichtiger Aspekt für die Unternehmen ist. Verfügbarkeit der Services ist folgendermassen definiert:

Verfügbarkeit der Services ist die Sicherstellung der Zugänglichkeit und Nutzbarkeit von Services für berechtigte Consumer wie Anwender oder ebenfalls Services. Dies in der geforderten Qualität und den erforderlichen Nutzungszeiten.

Definition 7, Verfügbarkeit von Services

Cloud Security Grundlagen

Betrieb Sicherheit

Hinsichtlich der Sicherheit im Betrieb der Cloud Technologie sind diese Punkte zu berücksichtigen:

- Schutz vor Manipulation durch das Betrieb Personal: Ist es dem Betrieb Personal des Cloud Providers möglich, Zugriff und Einsicht in die gespeicherten Daten zu erhalten? Ist es möglich, dass die Daten unbemerkt manipuliert werden? Und ist es möglich, dass das Personal des Cloud Providers Zugriff auf die genutzten Services erhält und dass die Möglichkeit besteht, dass die Services manipulierbar sind?
- Schutz vor unberechtigtem Zugriff Dritter: Ist es ausser dem Betrieb Personal des Cloud Providers auch Dritten möglich, auf die Daten und Services zuzugreifen? Dritte könnten zum Beispiel weitere Consumer der Cloud Technologie sein. Möglich könnte dies dadurch werden, da die Cloud Technologie die Ressourcen auf alle Consumer aufteilt. Dritte können aber auch staatliche Stellen sein oder Geheimdienste, wie Edward Snowden aufgedeckt hat (Fussnote (2).
- Schutz vor Applikationen Dritter: Die Cloud Technologie ist eine geteilte Plattform, in der die Services aller Consumer auf die Ressourcen aufgeteilt werden. Hier ist zu berücksichtigen, wie die Cloud Technologie ihrerseits sicherstellt, dass Services Dritter die Ressourcen nicht derart beeinflussen können, dass die eigenen Services in ihrer Verfügbarkeit beeinträchtigt werden. Und schliesslich die Frage, wie die eigenen Services vor dem Zugriff von Dritt Services geschützt sind. Ist es zum Beispiel möglich, dass ein Dritt

Cloud Security Grundlagen

Service Informationen aus dem eigenen Service abgreift oder diesen manipuliert?
- Schutz vor Ausfall: Bei diesem Punkt wird berücksichtigt, welche Auswirkungen der Total Ausfall eines Rechenzentrums beim Cloud Provider auf die Verfügbarkeit der eigenen Services hat. Neben der Redundanz der Cloud Technologie durch den Provider ist auch zu berücksichtigen, welche Mechanismen der Cloud Provider einsetzt. Stellt der Provider Redundanz zum Beispiel auch dadurch sicher, dass auf Ressourcen ausserhalb der Schweiz oder der EU zurückgegriffen wird. Dies auch dann, obwohl als Daten Ort ausschliesslich die EU oder die Schweiz vereinbart wurde.

Interoperationalität

In diesem Punkt erfolgt die Überprüfung, inwiefern die Services in der Cloud Technologie eines Cloud Providers mit On Premise Services innerhalb der eigenen Infrastruktur oder mit Infrastrukturen weiterer Cloud Providern zusammenwirken können.

Know How

Ein wichtiger Punkt bei der Wahl des Cloud Providers und auch der Cloud Architektur ist das benötigte Know How in Cloud Technologie beim Consumer. Genügt es zum Beispiel bei einer SaaS Lösung, dass der Consumer eine selbsterklärende Weboberfläche bedient? Oder im Fall von PaaS oder Container Services, benötigt der Consumer spezielle Kenntnisse über Container Orchistrierung, Shell Kommandos, allenfalls auch Service Provider spezifische Programmiersprachen etc.? Macht sich der Consumer allenfalls auch vom Provider abhängig, indem spezifisches Wissen aufgebaut wird, welches bei einem Provider Wechsel wertlos wird?

Cloud Security Grundlagen

Flexibilität

Dieser Aspekt hat zwei Ansätze. Zum einen geht es darum wie flexibel die Services an neue Anforderungen anpassbar sind. Zum anderen wie bestehende Services von einem Cloud Provider zu einem anderen Provider zu migrieren sind. Dieser Punkt gewinnt dann an Bedeutung falls politische Gründe, zum Beispiel betreffend Datenschutz, zu einem Provider Wechsel führen. Oder auch finanzielle oder technische Gründe, falls ein Cloud Provider bessere Services anbietet wie der bestehende.

Cloud Security Grundlagen

Cloud Architekturen

Nachdem die einzelnen Aspekte, die die Wahl der Cloud Architektur beeinflussen, erörtert sind, nachfolgend die Möglichkeiten einer Cloud Architektur. Einige Architekturen sind bereits im Kapitel „Einstieg in die Cloud Technologie" angesprochen worden.

Private Cloud

In diesem Fall stellt ein Unternehmen oder Organisation die Cloud Technologie ausschliesslich für sich selbst zur Verfügung. Die Consumer sind ausschliesslich Geschäftseinheiten der eigenen Organisation.

Die Bereitstellung der Cloud Technologie erfolgt entweder ausschliesslich innerhalb der eigenen Organisation. Dies setzt den Betrieb und die Wartung eigener Rechenzentren voraus. Oder alternativ erfolgt die Bereitstellung der Cloud Services durch einen geeigneten Cloud Provider, der eine isolierte und private Cloud Infrastruktur bereitstellen kann. Wobei Betrieb und Wartung entweder durch eigenes Personal oder durch Mitarbeiter von Partnerunternehmen erfolgen. Betreffend der Geo Lokation sind Szenarien wie Onshore, Nearshore oder Offshore denkbar. Ansätze die später in diesem Buch betrachtet werden.

Community cloud

Dieser Fall beschreibt die Situation der Private Cloud, allerdings werden die Services exklusiv Consumern einer Community zur Verfügung gestellt. Eine Community ist der Zusammenschluss mehrere Unternehmen oder Organisationen, die gemeinsame Interessen verfolgen.

Cloud Security Grundlagen

Public cloud

Dies ist der Hauptansatz der Cloud Technologie. Viele Consumer von unterschiedlichen Unternehmen und Organisationen teilen sich gemeinsam und gleichzeitig die Ressourcen, bereitgestellt durch einen Service Provider. Die Ressourcen sind weltweit verteilt, der Ort der gegenwärtigen Datenverarbeitung oder Speicherung sind sowohl dem Consumer als auch dem Service Provider unbekannt. Einige Cloud Provider bieten als Reaktion auf die Anforderungen der Consumer mittlerweile eine geografische Einschränkung an, an der die Bereitstellung der Cloud Services erfolgt. Dies soll dazu beitragen, dass Restriktionen betreffend des Datenschutzes und der Informationssicherheit von vornherein ausgeräumt werden sollen. An späterer Stelle in diesem Buch wird noch dazu Bezug genommen werden.

Hybrid cloud

Dieser Ansatz beschreibt die Kombination von Private Cloud, Community Cloud und Public Cloud. Das bedeutet, dass sich der Consumer Überlegungen betreffend der Orte für Datenspeicherung und Datenverarbeitung gemacht hat und gemäss entsprechenden Vorgaben eine Aufteilung der Services auf die unterschiedlichen Cloud Deployments vornimmt.

Wir werden später in diesem Buch dazu kommen welche Überlegungen hinter einer derartigen Deployment Strategie stehen.

Multicloud

Dieser Ansatz beschreibt die Kombination der Hybrid Cloud zusammen mit dem Ansatz, dass verschiedene Cloud Services durch unterschiedliche Provider erbracht werden. Hiermit möchte der Consumer eine hohe Flexibilität und Agilität der

Cloud Security Grundlagen

genutzten Services erreichen, indem er technologische Schwerpunkte der einzelnen Provider miteinander kombinieren will. Andererseits möchte sich der Consumer möglichst unabhängig von einem Provider machen und schnell zu einer anderen Plattform wechseln, sollte dies aus Gründen zum Beispiel der Governance und Compliance nötig sein.

Cloud Security Grundlagen

Bewertung der Architekturen hinsichtlich der Kriterien

Zusammenfassend erfolgt an dieser Stelle die Bewertung der Architekturen hinsichtlich der Kriterien. Auf einer Skala von 1 für die geringste Erfüllung der Anforderung bis 3 für die höchste werden die Architekturen gegenübergestellt.

Zunächst die Beschreibung der einzelnen Kriterien und ihrer Erfüllung

Kriterium	Erfüllung hoch	Erfüllung gering
Daten Ort	Einfluss auf Daten Ort gegeben	Einfluss auf Daten Ort gering
Betrieb und Wartungskosten	Geringe Kosten	Hohe Kosten
Verfügbarkeit der Services	Verfügbarkeit durch Redundanz	Geringe Redundanz, Abhängigkeit vom Provider
Betrieb Sicherheit	Geringe Abhängigkeit vom Provider oder Vielfalt an Massnahmen	Hohe Abhängigkeit vom Provider oder geringer Einfluss auf Massnahmen
Inter Operationalität	Vielfalt an Schnittstellen	Wenige Schnittstellen

Cloud Security Grundlagen

Know How	Wenig eigenes Know How nötig	Hohes Mass an Know How nötig
Flexibilität	Services sind flexibel anpassbar	Hohes Mass an Standardisierung der Services.

Darauf aufsetzend die Bewertung der einzelnen Kriterien gegenüber den jeweiligen Architekturen.

Daten Ort

Bei der Private und Community Cloud hat der Consumer sicherlich am meisten Einfluss darauf, wo die Daten gespeichert werden. Denn der Consumer betreibt die Cloud an einem Ort seiner Wahl. Oder er wählt einen geeigneten Provider aus, der die Private oder Community Cloud bereitstellt.

Demzufolge ist für Private und Community Cloud die höchste Punktzahl zu vergeben.

Komplett anders dagegen die Situation bei der Public Cloud. Hier hat der Consumer am wenigsten Einfluss auf den Daten Ort, selbst dann wenn der Cloud Provider eine Eingrenzung der Geo Lokation zulässt. Es ist dann immer noch offen, wie der Cloud Provider aus Betriebsgründen Kopien der Daten an anderen Geo Lokationen unterbringt. In diesem Fall ist die niedrigste Punktzahl zu vergeben.

Schliesslich die Situation bei der Hybrid Cloud und der Multi Cloud. Hier kann der Consumer entscheiden, dass besonders schützenswerte Daten und Informationen in der Private Cloud oder im eigenen Rechenzentrum verbleiben, während andere Daten in die Public Cloud verlagert werden. Aus diesem Grund wird eine mittlere Punktzahl vergeben.

Cloud Security Grundlagen

Betrieb und Wartungskosten
Bezüglich dieses Kriteriums schneiden die Private und Community Cloud am Schlechtesten ab, müssen doch in diesem Fall vergleichbar mit einem Rechenzentrum die Kosten vom Consumer übernommen werden.

Am wenigsten Aufwände für Betrieb und Wartung entstehen dem Consumer bei der Public Cloud. Es ist ein wesentliches Merkmal der Public Cloud, dass Betrieb und Wartung durch den Provider übernommen werden und der Consumer keinen Einfluss darauf hat. In diesem Fall ist daher die höchste Punktzahl zu vergeben.

Bei der Hybrid und Multi Cloud gleichermassen entsteht eine Kombination aus Private und Public Cloud. Services können in die Public Cloud ausgelagert werden und reduzieren die Betrieb- und Wartungskosten. Andere Services verbleiben in der Private Cloud und verursachen hier weiterhin Kosten, weshalb hier die mittlere Punktzahl zu vergeben ist.

Verfügbarkeit der Services
Die grossen Anbieter der Public Cloud betreiben weltweit Rechenzentren und suchen mittels Geo Redundanz die Cloud Services verfügbar zu halten. Aus diesem technischen Ansatz heraus muss der Public Cloud hier die höchste Punktzahl zugerechnet werden.

Anders bei der Private und Community Cloud. Zwar kann hier ebenfalls Redundanz durch mehrere Rechenzentren erreicht werden, was dann die Betrieb- und Wartungskosten noch einmal erhöht. Im Sinne der Cloud Technologie ist aber dennoch die Qualität nicht wie bei der Public Cloud erreichbar, weshalb hier die geringste Punktzahl zu vergeben ist.

Cloud Security Grundlagen

Die Hybrid Cloud ist ein Mittelmass zwischen den zwei vorgenannten Architekturen, weshalb hier die mittlere Punktzahl vergeben wird.

Bei der Multi Cloud wird trotz der Komponente der Private Cloud dennoch die höchste Punktzahl vergeben, weil mehrere Public Cloud Provider miteinander kombiniert werden. Selbst in dem Fall, dass ein Public Cloud Provider nicht verfügbar ist, können die Services auf andere Public Cloud Provider verteilt werden um so insgesamt die Verfügbarkeit am Höchsten zu halten. Allerdings wird für diesen Fall ein hohes Mass an Know How beim Consumer verlangt und es muss eine ausgereifte Architektur eingesetzt werden.

Cloud Security Grundlagen

Betrieb Sicherheit

Die Public Cloud bietet keinen Einfluss auf die Massnahmen des Providers. Hat sich der Consumer für einen Public Cloud Provider entschieden, dann ist er auch von diesem abhängig. Aufgrund der Definition des Kriteriums ist daher für die Public Cloud die geringste Punktzahl zu vergeben.

Bei der Private und Community Cloud hat der Consumer selbst Einfluss auf die eingesetzten Massnahmen, hat jedoch auch eine hohe Abhängigkeit zu seiner Private Lösung. Deshalb ist hier die mittlere Punktzahl zu vergeben.

Gleiches gilt für die Hybrid Cloud als Kombination von Public und Private Cloud.

Die Situation der Multi Cloud dagegen erlaubt die höchste Flexibilität. Public Services werden vom Consumer auf mehrere Provider verteilt, womit die Abhängigkeit von einem Public Provider wegfällt. Auch können die Massnahmen der einzelnen Public Provider kombiniert werden. Durch die Kombination mit der Private Cloud ist somit das höchste Mass an Sicherheit betreffend dem Cloud Technologie Ansatz zu erreichen, was mit der höchsten Punktzahl zu bewerten ist.

Inter Operationalität

Gemäss Definition ist es die Vielfalt an Schnittstellen die bereitstehen, um Services zu kombinieren und einen Datenaustausch zwischen der Cloud und der eigenen IT Infrastruktur herzustellen.

Am meisten Möglichkeiten bietet hier sicherlich die Private und Community Cloud, denn hier hat der

Cloud Security Grundlagen

Consumer den höchsten Einfluss auf die Cloud Technologie und wird genau die Schnittstellen bereitstellen die er benötigt. Weshalb hier die höchste Punktzahl zu vergeben ist.

Im Sinne der Definition erhält die Public Cloud die geringste Punktzahl, da hier der Consumer am wenigsten Einfluss auf die Bereitstellung hat. Dies auch wenn die Provider zunehmend immer mehr Schnittstellen bereitstellen. Beim nächsten Review der Situation wird dieser Punkt sicherlich neu bewertet.

Die Hybrid Lösung als Kombination aus Private und Public Cloud wird eine mittlere Punktzahl erreichen können.
Die Multi Cloud hingegen mit seiner Vielfalt an Lösungen, auch Public Cloud, kann die verschiedenen Angebote kombinieren und hat somit ebenfalls eine sehr hohes Mass an Inter Operationalität.

Know How
Know How hat eine hohe Erfüllung wenn geringes Wissen für den Einsatz der Cloud Technologie nötig ist.

Betreffend Private, Community und Multi Cloud ist die geringste Punktzahl zu vergeben. Denn in diesen Architekturen ist ein hohes Mass an Wissen beim Consumer nötig. Bei der Multi Cloud sogar noch mehr, da hier die Architekturen von vielen Public Cloud Providern beherrscht werden müssen.

Anders bei der Public Cloud. Würde hier ausschliesslich SaaS konsumiert, dann wäre die höchste Punktzahl zu vergeben. Denn hier kann der Consumer den Service beziehen wie er ist, und hätte im Idealfall eine selbsterklärende Weboberfläche. Anders bei PaaS oder CaaS Lösungen, die eigenes Wissen beim Consumer benötigen.

Cloud Security Grundlagen

Gleiche Überlegungen gelten für die Hybrid Cloud.

Flexibilität
Flexibilität hat eine hohe Erfüllung, wenn die Services flexibel anpassbar sind.

Die höchste Freiheit und Flexibilität ist bei der Multi Cloud gegeben, weshalb hier die höchste Punktzahl zu vergeben ist.

Private und Community Cloud dagegen sind weitestgehend flexibel anpassbar, allerdings nicht in dem Mass, der Vielfalt und Umsetzungsgeschwindigkeit wie bei der Multi Cloud. Somit erhalten diese Cloud Architekturen eine mittlere Punktzahl. Gleiche Überlegungen gelten für die Hybrid Cloud.

Per Definition hat die Public Cloud den höchsten Grad an Standardisierung und bietet das geringste Mass an Anpassungen an die Vorgaben des Consumers. Von daher ist für die Public Cloud die geringste Punktzahl zu vergeben.

Cloud Security Grundlagen

Zusammengefasst die Ergebnisse in der nachfolgenden Tabelle sowie im Diagramm:

	Private	Community	Public	Hybrid	Multi
Daten Ort	3	3	1	2	2
Betrieb und Wartungskosten	1	1	3	2	2
Verfügbarkeit der Services	1	1	3	2	3
Betrieb Sicherheit	2	2	1	2	3
Interoperationalität	3	3	1	2	3
Know How	1	1	2	2	1
Flexibilität	2	2	1	2	3
Auswertung	**1.9**	**1.9**	**1.7**	**2.0**	**2.4**

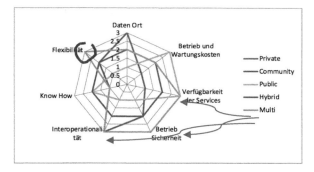

Abbildung 17, Bewertung der Cloud Architekturen

Die Auswertung zeigt, dass aufgrund der gewählten Kriterien die Multi Cloud Architektur diejenige Variante ist, die zu bevorzugen ist.

Gefolgt von dem Hybrid Cloud Ansatz.

Public und Private Cloud sind nahezu gleich zu bewerten. Hier muss das Unternehmen klären, wo die Präferenzen liegen.
Die Private und Community Cloud hat ihre Stärken betreffend der Kriterien Inter Operationalität, Betrieb Sicherheit und Daten Ort.

Cloud Security Grundlagen

Die Public Cloud dagegen betreffend der Kriterien Betrieb und Wartungskosten, Verfügbarkeit der Services und zum Teil betreffend Know How, je nachdem welche Services überwiegend genutzt werden, SaaS oder PaaS und CaaS.

Interessant ist in diesem Zusammenhang eine Studie von TechTarget [20] aus dem Jahr 2016. In der Studie wurden einerseits die zu erwartenden Kosten bei den einzelnen Cloud Architekturen untersucht, andererseits wurden auch Unternehmen befragt, welche Cloud Architektur diese bevorzugen wollen und welcher Trend sich ergibt.

Das Ergebnis der TechTarget Studie betreffend der Präferenzen der eingesetzten Cloud Architekturen zeigt die nachfolgende Grafik [20]:

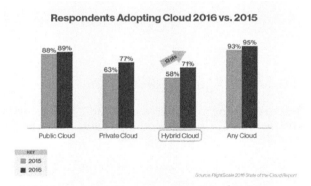

Abbildung 14, Präferenzen Cloud Architektur

Auch im betrachteten Zeitraum 2015 und 2016 lag die deutliche Präferenz beim Multi Cloud Ansatz, in der TechTarget Studie der Any Cloud Ansatz.

Dem Hybrid Cloud Ansatz wird seinerzeit ein stärkerer Zuwachs prognostiziert. Der Private Cloud

Cloud Security Grundlagen

wird ein Zuwachs prognostiziert, während der Public Cloud Ansatz eher gleichbleibend bewertet wird.

Anmerkungen

Daten Ort Public Cloud: Mittlerweile bieten einige Cloud Provider Einfluss auf die geografische Region wie zum Beispiel West Europa an. Allerdings ist dem Consumer noch immer nicht sichergestellt, dass die Daten zum Beispiel ausschliesslich in der Schweiz verarbeitet und gelagert werden. Zudem ist nicht eindeutig festgelegt, dass der Cloud Provider zu seinem Selbstschutz vor Betriebsausfällen Datensicherungen in anderen Geo Lokationen wie zum Beispiel den USA anlegt.

Verfügbarkeit der Services, Private und Community Cloud: Durch die Möglichkeit, an mehreren Standorten eine Private oder Community Cloud zu betreiben, erhöht sich die Kennzahl. Allerdings steigen dann nochmals die Aufwände für Betrieb und Wartung der Cloud Infrastruktur.

Betrieb Sicherheit Public Cloud: Mittlerweile bieten einige Cloud Provider zusätzliche Sicherheitsmassnahmen für den Consumer an, die dieser dann selbständig aktiviert und wartet. In diesem Fall sinkt jedoch die Kennzahl für Know How, welches dann zusätzlich beim Consumer vorhanden sein muss.

Nachdem nun Architekturen der Cloud Lösungen erörtert wurden folgen im nachfolgenden Kapitel die Diskussion über Cloud Objekte, die der Consumer beziehen und allenfalls nach seinen Vorgaben konfigurieren kann.

Cloud Security Grundlagen

Cloud Objekte

In den vorangegangenen Kapiteln wurden Cloud Lösungen sowie Cloud Architekturen besprochen. Dabei wurde auch darauf eingegangen, welche Möglichkeiten der Consumer hat um die Cloud Services an seine Bedürfnisse anzupassen, wie die nachfolgende Grafik zeigt:

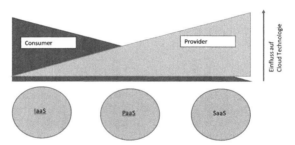

Abbildung 6, Cloud Modelle und Einflussnahme

Die grössten Möglichkeiten, Einfluss auf die Cloud Technologie zu nehmen, hat der Consumer beim Infrastructure as a Service IaaS Modell. Dagegen unterstützt den Consumer bei diesem Modell der Cloud Provider am wenigsten. Andererseits hat der Consumer bei einer Software as a Service SaaS Lösung am wenigsten die Möglichkeit, den Service an seine Bedürfnisse anzupassen.

Grosse Cloud Provider wie Amazon, Google und Microsoft bieten dem Consumer über die klassischen Cloud Modelle noch weitere Cloud Objekte an, die der Consumer gleich einem Baukasten kombinieren kann.

Cloud Security Grundlagen

Diese zusätzlichen Objekte lassen sich unterteilen in die Infrastruktur und Plattform Objekte.

Infrastruktur Objekte

Darunter fallen diese Klassen an Objekten:

Netzwerk
Netzwerk Objekte sind zum einen aus der Rechenzentrum Infrastruktur bekannte Objekte wie virtuelle Netzwerke, Load Balancer, VPN, DNS Zonen, Routing Tabellen und Gateways. Darüberhinaus sind noch spezielle Cloud Objekte verfügbar:

Application Gateways: Diese bieten http(s) Loadbalancing auf Applikationen in der Cloud. Zusätzlich ist eine Web Application Firewall WAF verfügbar. Mit deren Unterstützung können die Applikationen abgesichert werden.

Netzwerksicherheitsgruppe: Damit lassen sich Firewall Regeln festlegen zum Schutz aller Objekte, die innerhalb der Netzwerksicherheitsgruppe angelegt sind. Mit dem Regelwerk lässt sich der In- und Outbound Netzwerk Verkehr überwachen und steuern, ebenso wie die Kontrolle der Quell- und Zieladressen, der Ports sowie verwendete Netzwerk Protokolle.

Netzwerk Peering: Dies entspricht einem VPN zwischen zwei virtuellen Netzwerken oder Netzwerksicherheitsgruppen in der Cloud.

Globale IP Adressen: Dieses sind IP Adressen welche aus dem Internet erreichbar sind. Damit ist es dem Consumer möglich, einzelne Cloud Services mit einer

Cloud Security Grundlagen

eigenen und wahlweise statischen IP Adresse auszustatten.

Storage

Storage sind die aus der Rechenzentrum Architektur bekannten Objekte wie Festplatten Speicher, Backup Storage oder auch SQL Datenbank Services.

Server

Es sind dies virtuelle Maschinen. Die virtuelle Hardware sowie das Betriebssystem werden vom Cloud Provider zur Verfügung gestellt. Betrieb und Wartung liegen beim Consumer.

Identität

Darunter fallen LDAP Services, in der Microsoft Azure Cloud das Active Directory, sowie Identity and Access Management IAM.

Cloud Security Grundlagen

Plattform Objekte

Zu den Plattform Objekten gehören die nachfolgenden Klassen:

Web Services
Dies sind vom Provider betriebene und gewartete Services auf denen der Consumer selbsterstellte Webanwendungen betreiben kann. Je nach Entwicklungsumgebung stehen dem Consumer Services für DotNet, Java etc. zur Verfügung. Oftmals hat der Consumer auch die Wahl über das Betriebssystem.

Container Services
Eine neue Entwicklung ist das Bereitstellen von Services in Form von Containern.

Containerisierung ist eine Methode zur Verteilung von Applikationen. Die Containerisierung erlaubt die parallele Nutzung mehrerer Betriebssystem Instanzen auf einem Container Host System.

Klar abzugrenzen ist die Containerisierung von virtuellen Maschinen. Bedeutend ist, dass ein Container keine Technologie der Virtualisierung ist. Vielmehr enthält ein Container alle Komponenten um eine lauffähige Applikation zu bilden, so zum Beispiel das Betriebssystem, Server, Konfigurationen etc. Die Container nutzen gemeinsam die Ressourcen des Host Systems.

Damit sind Container wesentlich kleiner als die Images virtueller Maschinen und können aufgrund ihrer geringen Grösse schnell von einem Host auf den nächsten verteilt werden.

Die Struktur eines Container Hosts und der Container zeigt die nachfolgende Übersicht:

Cloud Security Grundlagen

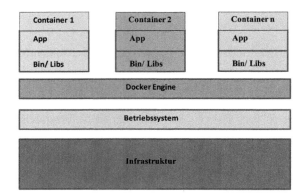

Abbildung 15, Containerisierung

Zuerst greift die Containerisierung auf die Infrastruktur zurück, die Ressourcen wie Storage, Netzwerk, CPU zur Verfügung stellt. Die Infrastruktur kann dabei ein Cloud Service sein, ein virtueller oder physischer Server im Rechenzentrum oder ein PC. Ein weiterer Grund weshalb die Containerisierung sehr flexibel ist. So können Entwickler auf ihrem PC entwickeln und bringen den Container dann in eine Testumgebung auf einem anderen Container Host.

Auf der Infrastruktur setzt das Betriebssystem auf. Historisch war für die Containerisierung Linux vorgesehen, allerdings sind mittlerweile Container Hosts auf Microsoft Servern mittels Hyper-V oder auch auf MacOS möglich.

Die Docker Engine stellt den eigentlichen Container Host zur Verfügung. Der Host bietet den Containern Zugriff auf die gemeinsam genutzten Ressourcen aus Betriebssystem und Infrastruktur.

Cloud Security Grundlagen

Schliesslich die Container selbst, die in sich gebündelt ihre eigenen Konfigurationen, Libraries etc. zum Betrieb ihrer Applikation enthalten.

Docker[4] ist zum einen das gleichnamige Unternehmen Docker Inc. welches gemeinsam mit der Docker Community die Plattform weiterentwickelt und Support für Unternehmenskunden liefert.

Docker ist zum einen eine Open Source Plattform und eine Technologie für die Verteilung und Isolierung von Services in Form sogenannter Container. Dies bedeutet, dass alles zum Betrieb eines Service benötigte in einem Container bereitsteht. Neben dem Betriebssystem die nötigen Serverkomponenten, die Anwendung, Konfigurationen etc.

Docker Container bieten dem Consumer viele Möglichkeiten.

So das schnelle Verschieben eines Service zwischen unterschiedlichen Hostsystemen oder Stagingzonen. Stagingzonen sind gleichartige, aber voneinander isolierte Umgebungen. Auf diesen Umgebungen erfolgen für eine Anwendung oder Service die Entwicklung (DEV Zone), der Test (TST Zone), die Integrationstests, welche für Produktivnahme des Service durchgeführt werden (INT Zone) sowie schliesslich die produktive Zone PRD.

Eine weitere Möglichkeit, die der Docker Container bietet, ist das schnelle Bereitstellen eines Service. So können schnell neue Versionen in Produktion genommen werden. Andererseits kann im Fehlerfall schnell das Fallback auf die letzte stabile Version des Service erfolgen.

---

[4] 4. https://www.docker.com

Cloud Security Grundlagen

Die Skalierbarkeit des Service um auf unterschiedliche Lastsituationen reagieren zu können. Bei hoher Belastung werden weitere Container des Service gestartet und damit die Last auf mehrere Instanzen verteilt.

Die Modularität des Service. Der Ansatz hierfür ist die Aufteilung eines Service auf mehrere Microservices, die für sich in einzelnen Containern ausgeführt werden. Somit ist es möglich, Teile des Gesamtservice offline für Wartungszwecke zu nehmen ohne den gesamten Service stoppen zu müssen.

Die Bereitstellung von Sicherheit in der Container Infrastruktur. Sicherheitskomponenten wie eine Web Application Firewall, SSL Terminierung, Authentifizierung und Zugriffskontrolle etc. werden ebenfalls als Container bereitgestellt zum Schutz der Services.

Schliesslich die Möglichkeit, die gesamte Container Infrastruktur einfach von einem Cloud Provider zu einem anderen verschieben zu können.

Für die Verwaltung oder Orchestrierung stehen dem Consumer verschiedene Werkzeuge zur Verfügung, wobei sich Kubernetes[5] zuletzt durchgesetzt hat. Weitere Orchestrierungstools sind Mesosphere[6] DC/OS oder Docker Swarm (4).

Die Container Services gemeinsam mit dem Orchestrator werden oftmals vom Provider als ein Service zur Verfügung gestellt, inklusive der Wartung und der Updates der Teilkomponenten. So kann sich der Consumer vollständig auf die Container Infrastruktur konzentrieren ohne die Notwendigkeit,

---

[5] 5. https://kubernetes.io
[6] 6. http://mesosphere.com

Cloud Security Grundlagen

die Docker Plattform und das Orchistrierungstool betreiben und warten zu müssen.

Monitoring und Logging Services
Hier stellt der Provider verschiedene Services für die Überwachung, Protokollierung und Auswertung zur Verfügung. Dies sowohl für Infrastruktur und Plattform Objekte als auch für Anwendungen.

Weitere Plattform Objekte sind Komponenten für IoT (Internet of Things), für Künstliche Intelligenz KI und Machine Learning sowie Big Data.

Massnahmen um die Sicherheit in der Cloud erhöhen zu können

Im Kapitel „Information Sicherheit Management System für Cloud Technologien" wird vertieft auf dieses Thema eingegangen. An dieser Stelle soviel vorweg.

Bei SaaS Lösungen hat der Consumer kaum Möglichkeiten, in Sicherheitsaspekte gemäss seinen Vorgaben einzugreifen. Die SaaS Lösung wird vom Provider gemäss dessen Vorgaben bereitgestellt und kann so wie diese ist bezogen werden.

Auch bei IaaS Lösungen ist der Consumer oftmals an Vorgaben durch den Provider gebunden. Auch hier ist an vielen Stellen keine Anpassung an die Vorgaben des Consumers möglich.

Anders dagegen die Situation, wenn sich der Consumer für den Einsatz weitergehender Cloud Objekte entscheidet. Hervorzuheben sind hier die Container Lösungen als auch die Netzwerkobjekte Netzwerk Peering und Netzwerksicherheitsgruppe.

Cloud Security Grundlagen

Nachdem nun die Architekturen, die Objekte und die Grundlagen der Cloud Technologie erörtert wurden, zu der Frage: Wie bringe ich nun Cloud Technologie sicher in meine Unternehmen Struktur?

Was heisst in diesem Kontext Sicherheit überhaupt, was muss ich als Unternehmen beachten? Wie kann ich als Unternehmen eine Struktur erstellen, um „sicher"- was dies jetzt nun bedeutet- die Cloud Technologie nutzen zu können?

Es sind die klassischen Domänen der Unternehmen Führung. Das sind im Detail die Governance, das Risk Management, die Compliance, das Audit Managent sowie das Information Sicherheit Management.

Das nachfolgende Kapitel startet mit der Governance und zeigt auf, was in dieser Domäne betreffend Cloud Security zu berücksichtigen ist.

KAPITEL VIER

Governance und Enterprise Risk Management

In den vorangegangenen Kapiteln wurde die Cloud Technologie vorgestellt sowie die Motivation diskutiert, warum Unternehmen zunehmend Cloud Technologie einsetzen wollen.

In den nachfolgenden Kapiteln wird beschrieben, wie der Einsatz der Cloud Technologie in die Unternehmensprozesse einzugliedern ist und wie IT Sicherheit und die Einhaltung von Gesetzen und Regularien erreicht werden.

Zuerst die Governance und erforderliche Anpassungen, die beim Einsatz der Cloud Technologie nötig werden.

Die Governance ist in ISO 38500:2015 [18] beschrieben. ISO 38500:2015 nennt sechs Prinzipien, die in der Unternehmen Governance enthalten sein sollen:

1. **Verantwortung**: Eine Definition wie im Unternehmen Verantwortung übernommen wird.
2. **Strategie**: Eine Vorgabe zur Strategie des Unternehmens.
3. **Bereitstellung**: Vorgaben welche Ressourcen bereitzustellen sind um die Unternehmensziele und die Strategie zu unterstützen.

Cloud Security Grundlagen

4. **Performance**: Definitionen wie Performance gemessen wird, welche Performance erreicht werden soll und dazugehörige Prozesse.
5. **Konformität**: Vorgaben und Prozesse mit welchen Regulatorien, Verträgen und weiteren Vorgaben Konformität erreicht werden soll.
6. **Menschliches Verhalten**, Kodex: Vorgaben wie sich das Unternehmen in der externen Wahrnehmung versteht und wie der Umgang intern erfolgen soll. Es werden Verhaltensregeln definiert und der Unternehmenskodex festgelegt.

Wird Cloud Technologie als Bestandteil der technischen Unternehmen Infrastruktur gewählt, dann gelten neben der Unternehmen Governance auch die IT Governance für die Cloud Technologie. Daher zuerst die Definition zur IT Governance.

Die IT Governance ist Teil der Unternehmen Governance und liegt damit in der Verantwortung des Management. Governance und IT Governance sind wesentlicher Teil der Unternehmensführung.

In der IT Governance sind alle Prozesse und Organisationsstrukturen festgelegt die sicherstellen, dass die IT als Teil der Unternehmensstrategie die Unternehmensziele unterstützt und als Business Enabler das Business voranbringt um die Steigerung des Unternehmenserfolgs zu erreichen.

Definition 8, IT Governance

Wichtig ist festzuhalten, dass die Governance und IT Governance jedem Mitarbeitenden im Unternehmen bekannt sind und in allen Prozessen umgesetzt wird.

Cloud Security Grundlagen

Die wesentlichen Bestandteile der IT Governance sind

IT Grundlagen: In diesem Teil sind die Management Entscheidungen über die strategische Bedeutung der IT im Business festgehalten.

IT Architektur: Dieses beinhaltet die Gesamtheit aller technischen Entscheidungen um das Business dabei zu unterstützen seine Ziele zu erreichen und um den Unternehmenserfolg zu steigern.

IT Infrastruktur: Diese wird zentral koordiniert um die IT des Unternehmens fähig zu machen, als Business Enabler die Anforderungen des Business zu erfüllen und um proaktiv und agil Anforderungen zu erfüllen, bevor diese durch das Business definiert wurden. Durch die enge Verzahnung von IT und dem Business entsteht innerhalb der IT ein Verständnis vom Business. Somit kann die IT Anforderungen selbständig erkennen um das Business besser zu unterstützen- der Gedanke des Business Enabler.

Umsetzung von IT Service Managagement: Das IT Service Management umfasst alle nötigen Massnahmen und Methoden um die maximale Unterstützung des Business durch die IT Organisation sicherzustellen. Geregelt ist das IT Servicemanagement in ISO 20000 [21] und definiert die Mindestanforderungen, die an die IT Service Management Prozesse gestellt werden. Weitere unterstützende Frameworks sind die IT Infrastructure Library ITIL sowie das Business Process Framework eTOM. Wichtige Begriffe in diesem Zusammenhang, und die auch im Zusammenhang mit der Cloud Security zu sehen sind, sind das Service Level Agreement SLA sowie die Rolle des Service Owner.

Cloud Security Grundlagen

Das SLA ist eine schriftliche Vereinbarung zwischen dem Consumer und dem Provider. Es ist definiert, welche Eigenschaften ein Service hat, in welcher Qualität ein Service bereitgestellt wird, mit welcher Verfügbarkeit. Der Service Owner ist verantwortlich für das Management der IT Services und deren Bereitstellung. Der Service Owner überwacht und steuert auch die Service Strategie und pflegt das Service Portfolio.

Information Sicherheit: Information Sicherheit sind die Methoden zur Sicherstellung der Schutzziele Vertraulichkeit, Integrität und Verfügbarkeit eines festgelegten Sets schützensrelevanter Informationen (Definition 9 in diesem Buch). Im Kapitel „Information Sicherheit Management System" wird eingehend auf dieses Thema eingegangen.

Systementwicklung: Eine zentrale Vorgabe, wie sich die IT Infrastruktur weiterentwickeln soll um ihrer Rolle als Business Enabler gerecht zu werden.

Insgesamt wird deutlich, wie sich die IT Governance mit der Motivation der IT deckt, Services in die Cloud zu verlagern. Siehe hierzu im Kapitel „Einstieg in die Cloud Technologie".

Um den Einsatz von Cloud Technologie im Unternehmen zu ermöglichen ist demnach eine Anpassung der IT Governance nötig und die Erweiterung der Governance durch die Cloud Governance. Diese Anpassung erfolgt durch das Management und ist in Einklang mit der Unternehmen Strategie zu bringen.

Das Zusammenwirken von Unternehmen Governance, IT Governance und Cloud Governance zeigt die nachfolgende Übersicht:

Cloud Security Grundlagen

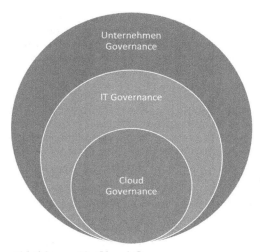

Abbildung 12, Cloud Governance

So werden alle Vorgaben aus der Unternehmen Governance von der IT Governance übernommen. Die Cloud Governance wiederum übernimmt alle Vorgaben aus der IT Governance und letztendlich auch von der Unternehmen Governance.

Betreffend der Cloud Technologie werden die Vorgaben und Definitionen in der Cloud Governance festgelegt.

Zuerst muss festgehalten werden, dass aus Sicht der Governance das Vorgehen analog zum klassischen Outsourcing von IT Infrastrukturen ist. Allerdings mit der Änderung, dass es im Gegensatz zum klassischen Outsourcing keinen definierten Vertragspartner in der Rolle des Service Owner gibt und dass keine Prozesse und Werkzeuge mit dem Sourcing Partner vereinbart werden können. Vielmehr erfolgt die Zusammenarbeit

Cloud Security Grundlagen

mit dem Cloud Provider in Form von virtuellen Teams. Je nach Angebot des Cloud Providers stehen dem Unternehmen ein Single Point of Contact zur Verfügung, dem per email oder Telefon alle Anliegen gemeldet werden und der diese intern in der Organisation des Cloud Providers zur Bearbeitung weiterleitet.

Aus Sicht des Unternehmens und Consumers wird die Cloud Governance entsprechend den Elementen für das klassische IT Outsourcing aufgestellt. Dies erfolgt mit diesen Massnahmen:

Service Owner Cloud

Der Consumer ernennt innerhalb seines Unternehmens einen Service Owner für die Cloud Technologie. Diese Rolle ist Unternehmen intern die alleinige Ansprechstelle für alle Vertrags- und Service Themen betreffend der Cloud Technologie. Der Service Owner Cloud Technologie kommuniziert mit den Cloud Providern, bei einer Multi Cloud Strategie mit mehreren Cloud Providern entsprechend mit mehreren Providern. Die Koordination der Cloud Services zwischen den einzelnen Providern obliegt ebenfalls dem Service Owner Cloud Technologie.

Cloud Security Grundlagen

Analog dem klassischen Sourcing Modell installiert das Unternehmen zudem diese Prozesse:

Vertragsmanagement

Im Rahmen des Vertragsmanagements prüft der Service Owner Cloud Technologie, ob die Anforderungen des Unternehmens durch den Cloud Provider erfüllt werden. Es wird eine Liste mit Abweichungen vom gewünschten Zielzustand erstellt und geprüft, ob die Vereinbarungen mit dem Cloud Provider angepasst werden können. Zudem erfasst der Service Owner Cloud Technologie die Kosten, die für den Fall entstehen, in dem ein Wechsel des Cloud Providers vollzogen wird.

Issues Management

Der Service Owner Cloud Technologie führt eine Liste mit allen Ereignissen oder Issues, die während des Betriebs der Cloud Technologie aufgetreten sind. Erfasst werden neben dem Ereignis die Wiederherstellungszeit des ursprünglichen Zustands sowie die erforderlichen Massnahmen. Ebenso analysiert der Service Owner Cloud Technologie Alternativen, mit denen die Issues behoben werden können. Diese Alternativen können geänderte Services beim Cloud Provider sein oder der Wechsel des Cloud Providers.

Service Level Management

Wie aus dem klassischen Sourcing bekannt, wird auch für die Cloud Technologie ein Dokument für das Service Level Management geführt. Allerdings mit dem Unterschied, dass die Services vom Cloud Provider vorgegeben sind und das Unternehmen keinen Einfluss auf Änderung hat. Das Dokument

Cloud Security Grundlagen

dient als Entscheidungsgrundlage für den Fall, dass der Cloud Provider gewechselt werden soll.

Rechnung Management

Die Cloud Technologie ist sehr dynamisch. Sowohl in der Technologie als auch in den Service und Preismodellen ändern die Cloud Provider nahezu permanent ihre Angebote. Das Preismodell wird durch den Service Owner Cloud Technologie ständig analysiert und mit anderen Cloud Providern verglichen. Ebenso erfasst der Service Owner Cloud Technologie die Kosten, die dem Unternehmen bei einem Wechsel des Cloud Providers entstehen würden.

Ferner wird in der Cloud Governance ein halbjährliches Status Meeting vorgeschrieben.

Gegenstand des Meetings ist der Entscheid, ob der Cloud Provider beibehalten wird oder ob ein Wechsel stattfinden soll.

Teilnehmer des Meetings sind mindestens der Service Owner Cloud Technologie sowie das DevOps Team. Im DevOps Team sind die Mitarbeitenden zusammengefasst, die Lösungen in der Cloud Technologie entwickeln (Dev), die die bereitgestellten Cloud Services konfigurieren, anpassen und pflegen (Ops) und die gemeinsam entsprechend den Vorgaben aus dem Business die Lösungen in der Cloud Technologie bereitstellen. Je nach Unternehmen können noch weitere Stakeholder aus dem Business hinzugezogen werden.

Input für das Meeting sind die Dokumente die der Service Owner Cloud Technologie erstellt. Insbesondere ein Bericht über die Entwicklung des Preismodells, über Vertragsänderungen durch den Cloud Provider, ein Bericht über genutzte Services beim Cloud Provider sowie dem Trend der zukünftigen Nutzung der Services. Weiterhin der Bericht über die

Cloud Security Grundlagen

Issues sowie ein Bericht über die Zufriedenheit des Business. Schliesslich legt der Service Owner Cloud Technologie noch eine Übersicht über Service und Preis Modelle anderer Cloud Provider vor sowie den Bericht über die Kosten, die bei einem Provider Wechsel entstehen.

Die Ergebnisse des Meetings sind ein abgenommenes Cloud Preis Modell, ein abgenommenes Transfer Preis Modell sowie ein Entscheid, ob der Cloud Provider gewechselt werden soll.

Schliesslich gibt die Cloud Governance noch zwei weitere Vorgaben.

Zum einen die Vorgabe, nach der sich das Unternehmen nicht vom Cloud Provider abhängig machen darf, dem sogenannten Vendor Lock. So darf bei der Nutzung der Cloud Services keine so starke Anpassung an Technologie oder Services erfolgen, die einen späteren Wechsel des Cloud Providers erschweren oder gar unmöglich machen würden. Vielmehr muss bei Nutzung der Cloud Technologie darauf geachtet werden, dass Services und Technologien genutzt werden, die auch von anderen Providern bereitgestellt werden.

Die zweite Vorgabe ist die Entwicklung einer sogenannten Exit Strategie. In ihr ist beschrieben, wie ein Wechsel mit allen Services von einem Provider zu einem anderen erfolgt.

Cloud Security Grundlagen

Abschliessend noch die Ziele, welche die IT Governance verfolgt. Es sind dies
    a. Die Steigerung des Unternehmenserfolgs
    b. Das Minimieren von Risiken

Somit wird deutlich, dass sich das Unternehmen mittels des Risiko Management Gedanken machen muss, wie die Cloud Technologie eingesetzt werden kann.

Die Einrichtung eines Risiko Management sind im folgenden Kapitel beschrieben.

Eine Anmerkung noch zur Fakturierung der Cloud Technologie. Diese ist in der Regel sehr dynamisch und entspricht den in der Abrechnungsperiode genutzten Cloud Services. Diese Flexibilität entspricht auch dem Wunsch des Consumers, seine Kosten dynamisch gestalten zu können.
    Allerdings entsteht buchhalterisch eine geänderte Situation im Vergleich zum klassischen Rechenzentrumsbetrieb.

In diesem Fall hat das Unternehmen Investitionen und kann diese nach geltendem Steuerrecht abschreiben.

Beim dynamischen Kostenmodell der Cloud Technologie entstehen dagegen keine Investitionen mehr, vielmehr entspricht das Kostenmodell einem Mietvertrag. Dies lässt buchhalterisch keine Abschreibungen mehr zu.

Information Governance

Abschliessend zum Thema Governance noch ein Hinweis auf die Information Governance. Diese ist ein Unterbereich zur IT Governance und hat die Bedeutung von Informationen für das Unternehmen zum Gegenstand.

An dieser Stelle zunächst die Definition des Begriffs Entität:

Die Entität ist ein Objekt innerhalb der Information Technologie und beschreibt, wie Beziehungen in den Prozessen der Information Technologie hergestellt werden. Entitäten sind natürliche Personen, Prozesse oder Services.

Definition 10, Entität

Cloud Security Grundlagen

In der Information Governance sind alle Prozesse und Organisationsstrukturen festgelegt die sicherstellen, dass Informationen als wichtige Werte behandelt und geschützt werden. Insbesondere regelt die Information Governance diese Aspekte:

- Klassifikation der Information in die Kategorien öffentlich, intern, vertraulich und streng vertraulich
- Dokumentation über die Bildung und Verarbeitung der Information
- Dokumentation über die Speicherung und den Schutz der Information
- Festlegung über den Zugriff auf die Information. Dabei gilt der Grundsatz, dass die Information nur der Entität zur Verfügung steht, die die Information auch tatsächlich benötigt.

Wie auch die IT Governance bringt die Information Governance wichtige Aspekte für die Nutzung der Cloud Technologie hervor. Erweitert um die Nutzung der Cloud Technologie definiert die Information Governance Prozesse und Festlegungen, nach denen Informationen in der Cloud gespeichert und verarbeitet werden können.

In den zurückliegenden Ausführungen zur Governance und Information Governance wurde bereits das Risk Management angesprochen und auf die Notwendigkeit hingewiesen, betreffend der Nutzung von Cloud Technologie das Risk Management anzupassen.

Was dies im Detail bedeutet wird im nachfolgenden Kapitel „Enterprise Risk Management" erörtert.

Cloud Security Grundlagen

Enterprise Risk Management

Allgemein ist das Risk Management eine Tätigkeit, getragen vom Management, betreffend des Umgangs mit Risiken. Dies umfasst sämtliche Tätigkeiten hinsichtlich der Erkennung, Analyse und Bewertung von Risiken. Ebenso deren Überwachung und Kontrolle.

Zur Beschreibung des Begriffs Risiko zuerst eine Vorüberlegung.

Oftmals beschäftigen sich Unternehmen hinsichtlich Risiko mit den negativen Auswirkungen auf das Unternehmen, also zum Beispiel Reputationsverlust, Verlust monetärer Werte etc.
Der Ansatz des Enterprise Risk Management ERM sieht Risiko allerdings auch mit einem positiven Ansatz. So stehen Entscheidungen neben den Risiken auch Chancen gegenüber. Diese sind zu berücksichtigen, haben Einfluss auf andere Ziele und können durchaus positive Wirkung auf das Unternehmen haben. (Siehe hierzu COSO Guidance on Enterprise Risk Management 2017 [11])

Demnach ist das Risiko ein mögliches Ereignis, das sich positiv oder negativ auf das Unternehmen auswirkt. Somit beeinflusst das Risiko die Unternehmensziele und die Strategie positiv oder negativ.

Das Enterprise Risk Management setzt auf dem Prozess des Risk Management auf, weshalb dieses zuerst beschrieben wird.

Cloud Security Grundlagen

Bevor der Begriff Risiko erläutert werden kann, zuerst zwei weitere Begriffe in diesem Zusammenhang.

Threat beschreibt alle Ursachen, seien dies Personen, Prozesse oder Naturereignisse, die das Potential haben einen Schaden anzurichten.

Verletzlichkeit: Die Verletzlichkeit beschreibt den Grad, in dem eine Entität wie zum Beispiel ein Server missbräuchlich genutzt werden kann. Zum Beispiel bietet ein ungepatchtes Betriebssystem eine Vielzahl an Möglichkeiten, in das System einzudringen, Prozesse zu manipulieren, Daten zu löschen oder zu verändern und vieles mehr.

Risiko: Das Risiko beschreibt die Möglichkeit, dass ein Threat eine Verletzlichkeit ausnutzt um einen Schaden anzurichten.

Ein Schaden richtet sich dabei immer an die Assets im Unternehmen.

Assets sind die Werte des Unternehmens und können neben monetären Grössen auch Reputation, Patente, Prozesse, die Mitarbeitenden etc. sein.

Definition 11, Asset

Cloud Security Grundlagen

Das Riskmanagement ist eng verzahnt mit der Governance und der Compliance, wie die nachfolgende Übersicht zeigt.

Abbildung 7, Governance- Risk- Compliance

In der Governance werden Ziele und Rollen für das Risk Management vorgegeben. Weiterhin Vorgaben wie Risikostrategie, Risikoakzeptanz und Festlegung des Restrisikos.

Risikostrategie: In der Risikostrategie wird festgelegt, wie das Unternehmen mit erkannten Risiken umgehen will. Dabei gelten die folgenden Ansätze

- Risk bearing: Dies bedeutet, dass bestimmte Risiken akzeptiert werden. Ein Beispiel ist die Akzeptanz aller Risiken mit einer Eintrittswahrscheinlichkeit von weniger als 10%.
- Risk neutral: Hier werden alle Massnahmen ergriffen damit entweder die Ursachen, die einen Schaden verursachen können, eliminiert werden, oder alle Massnahmen damit der

mögliche Schaden auf ein Minimum reduziert wird.
- Risk avoiding: In diesem Fall werden die Ursachen, die einen Schaden verursachen können, neutralisiert. Dies bedeutet, dass die Ursachen nicht mehr bestehen oder dass die Ursachen nicht mehr zu einem Schaden führen können.
- Risk Transfer: Das Risiko wird in dieser Situation an einen Geschäftspartner verlagert. Zum Beispiel wird der Webserver des Internetauftritts aus der eigenen IT Infrastruktur an einen Web Provider verlagert. Dieser trägt dann das Risko, dass der Webserver mittels Cyber Attacken angegriffen wird. Eine weitere Möglichkeit des Risk Transfer ist die Absicherung des monetären Schadens durch eine Versicherung. Es bleibt zu bemerken, dass ein Reputationsverlust nicht durch einen Risk Transfer vermieden wird.

Cloud Security Grundlagen

Risikoakzeptanz: Die Risikoakzeptanz beschreibt die Bereitschaft des Unternehmens, Risiken zu billigen. Darunter fallen alle bekannten Risiken, für die beabsichtigt keine Risikobehandlung durchgeführt wird, für die das Management also bewusst die Verantwortung übernimmt, sollte das Risiko zu einem Schaden führen.

Ein Beispiel hierfür ist der Ausfall eines Service in der Cloud über einen Zeitraum von 24 Stunden wenn bekannt ist, dass erst ab 24 Stunden Ausfall ein Schaden für das Unternehmen entsteht. Hier erfolgt ein Abwägen der Wahrscheinlichkeit, ob der Vorfall eintritt, verglichen mit dem Aufwand, diesen Vorfall zu verhindern.

Restrisiko: Schliesslich die Festlegung des Restrisikos. Dies beruht auf der Erkenntnis, dass trotz aller umgesetzten Massnahmen ein Risiko bestehen bleibt. In der Festlegung liefert die Governance eine Definition, bis zu welcher Eintrittswahrscheinlichkeit ein Risiko zu den akzeptierten Restrisiken zählt, dass also keine weiteren Massnahmen mehr zu ergreifen sind.

Andererseits liefert Risk Informationen zur Risikokontrolle an die Governance zurück. Somit ist es dem Management möglich, aus den Erkenntnissen von Risk die Governance mit aktuellen Vorgaben an Risk anzupassen.

Eine weitere Abhängigkeit besteht zwischen Risk und Compliance. Compliance hat die Aufgabe, Konformität mit Gesetzen, Regularien, Standards, Verträgen und Regeln herzustellen. Vorgaben erhält Compliance auch durch die Governance. Im Kapitel „Compliance und

Cloud Security Grundlagen

Audit Management" wird noch detailliert auf die Compliance eingegangen.

Andererseits liefert Compliance auch Anforderungen an Risk. Zum Beispiel, dass bestimmte Massnahmen zur Herstellung der Konformität nur dann umgesetzt werden können, wenn von Risk entsprechende Vorgaben eingehalten werden.

Letztlich liefert Risk an Compliance Vorgaben betreffend der Massnahmen zur Herstellung der Konformität. So wird jede Compliance Massnahme nach den Vorgaben aus Risk überprüft, welches Risiko bei der Umsetzung entsteht und ob dieses Risiko entsprechend der Risikostrategie des Unternehmens tragbar ist.

Cloud Security Grundlagen

Die nachfolgende Übersicht zeigt den fortlaufenden Zyklus des Risk Managements mit dem Ziel, den Reifegrad des Risk Management im Unternehmen zu erhöhen.

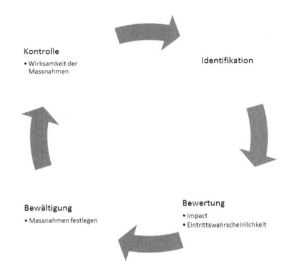

Abbildung 8, Zyklus des Risk Managements

Der Zyklus startet mit der Phase Identifikation. In dieser Phase werden alle Risiken unter Zuhilfenahme aller verfügbaren Informationsquellen und Methoden wie Kreativitätstechniken, Expertenbefragungen oder Aufstellung von Szenarien erfasst.

Cloud Security Grundlagen

In der anschliessenden Phase Bewertung werden der Impact, also das zu erwartende Ausmass des Schadens sowie etwaiger Folgeschäden, sowie die Eintrittswahrscheinlichkeit beschrieben. Zur Dokumentation wird dabei jedes Risiko in der Risikomatrix mit den Dimensionen Eintrittswahrscheinlichkeit und Schadensausmass erfasst.

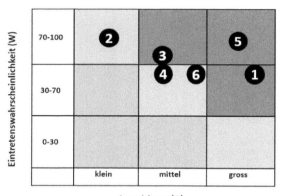

Abbildung 9, Risikomatrix

Vorrangig müssen Massnahmen für die Risiken der Auswirkung gross, Wahrscheinlichkeit grösser 30, beschrieben werden um gemäss der gewählten Risikostrategie mit diesen Risiken umzugehen.

Dies erfolgt in der Phase Bewältigung, in der die jeweiligen Massnahmen beschrieben werden.

Abschliessend erfolgt in der Phase Kontrolle die Überprüfung der Wirksamkeit der Massnahmen.

Cloud Security Grundlagen

Enterprise Risk Management

Wie zuvor beschrieben befasst sich das klassische Risk Management damit, einzelne Risiken zu identifizieren und zu bewerten. Allerdings werden dabei Wechselwirkungen zwischen den Risiken nicht berücksichtigt. Ebensowenig positive Effekte auf die Unternehmensziele und Strategie.

Enterprise Risk Management ERM versteht sich dagegen als integraler Prozess im Gesamtbild des Governance- Risk- Compliance Ansatzes. Im Mittelpunkt steht dabei das Riskmanagement mit den Teilprozessen Identifikation, Beurteilung, Steuerung und Kommunikation der Risiken. Das ERM versteht sich dabei als Schnittstelle zwischen der Unternehmensstrategie und dem operativen Risk Management.

Abbildung 10, Verständnis des Enterprise Risk Management

Cloud Security Grundlagen

ERM stellt die Risikobetrachtung in den Mittelpunkt und fordert, dass das Risiko sowohl im Business als auch im Prozess Strategie Entwicklung berücksichtigt wird. Mit der Feststellung, dass Unternehmen in Zukunft immer mehr mit Änderungen umgehen müssen, mit steigender Komplexität der Prozesse und Schnittstellen, mit zunehmenden Abhängigkeiten und mit neuen Herausforderungen im Business folgt die Anforderung an das Management, auch agile Prozesse bei der Strategie Entwicklung anzuwenden. Möglich wird dies mit Einführung des ERM.

ERM versteht sich als ein Framework an Praktiken, die das Management einsetzt um aktiv Risiken zu managen. Dabei werden die Strategie und die Governance angepasst und es erfolgt eine enge Kommunikation mit den Stakeholdern. Die festgelegten Prinzipien umfassen dabei alle Ebenen der Organisation sowie alle Funktionen.

Mit dem Prinzip, alle Möglichkeiten abzuwägen, sowohl die positiven als auch die negativen Aspekte von Risk, kann das Management neue Chancen erkennen.

Zusammenfassend kann also das Riskmanagement als die Managementaufgabe bezeichnet werden, die sich mit der unternehmensweiten Identifikation, Bewertung, Steuerung, Kommunikation und Überwachung der Risiken befasst, um Chancen wie Risiken zu erkennen, um Unternehmensziele und Strategien anzupassen, um Mehrwerte für alle Stakeholder zu generieren.

Cloud Security Grundlagen

Enterprise Risk Management im Zusammenhang mit der Cloud Technologie

Aus Sicht des Risk Management hat die Cloud Technologie die folgenden Auswirkungen auf ein Unternehmen:

- Die Cloud Technologie kann bestehende Geschäftsmodelle beeinträchtigen oder gar zerstören.
  Ein Beispiel hierfür ist das Angebot an Musik Streaming Diensten. Mit immer besserer und flächendeckender Verfügbarkeit des Internet steigt der Musikgenuss über Streamingdienste stark an. Zu Lasten des Verkaufs von Musik CD.
  Wenn der Wettbewerb neue Geschäftsmodelle basierend auf der Cloud Technologie entwickelt, dann sieht sich das Unternehmen gezwungen, selbst seine Modelle anzupassen und die Cloud Technologie zu adaptieren um wettbewerbsfähig zu bleiben.
- Andererseits kann das Unternehmen mit dem Wechsel von Business in die Cloud Technologie neue Chancen am Markt erhalten oder gar gänzlich neue Geschäftsmodelle entwickeln um sich vom Wettbewerb abzusetzen.
- Mit dem Wechsel zur Cloud Technologie macht sich das Unternehmen vom Cloud Provider abhängig und übernimmt gleichermassen dessen Risiken.
- Der Wechsel zur Cloud Technologie bedeutet für das Unternehmen einen Verlust an Transparenz. So sind die Prozesse des Cloud Providers grösstenteils unbekannt. Zum

Cloud Security Grundlagen

Beispiel der Prozess wie Cloud Services deployed werden, wie die Daten und Prozesse der einzelnen Consumer voneinander getrennt werden. Auch sind die Operation Controls und die Methoden des Cloud Providers für den Consumer unbekannt. Zudem besteht kaum Einsicht darauf, an welchem Ort die Daten tatsächlich gespeichert werden.

- Es besteht keine Klarheit darüber welche Sicherheitsmassnahmen der Cloud Provider ergreift. Vielmehr muss eine Vertrauensstellung zum Cloud Provider aufgebaut werden mit der Annahme, dass der Cloud Provider alle technischen und organisatorischen Massnahmen umsetzt um seine Infrastruktur vor Ausfällen zu schützen. Allerdings muss auch berücksichtigt werden, dass ein grosser Cloud Provider ein lohnenderes Ziel für Cyber Angriffe als das im Vergleich dazu kleine Rechenzentrum, das das Unternehmen zuvor betrieben hat.
- Es besteht das Risiko des Vendor lock. Werden die Prozesse und Services zu stark an die Umgebung des Cloud Providers angepasst, so wird ein Wechsel zu einem anderen Cloud Provider allenfalls sehr erschwert. Die Notwenigkeit des Provider Wechsels kann viele Ursachen haben, die unvorhergesehen und kurzfristig entstehen: Die Gefahr des wirtschaftlichen Zusammenbruchs des Providers, die Möglichkeit der Fusion mit weiteren Providern und damit für das Unternehmen negativen Folgen, geänderte Regularien seitens des Providers die zum Beispiel den Datenschutz aufheben etc.
- Der Wechsel zur Cloud Technologie ändert die IT Organisation im Unternehmen. Es werden neue Prozesse wie CI/ CD und DevOps nötig. CI steht dabei für Continuous

Cloud Security Grundlagen

Integration und meint die ständige Integration von Software Änderungen in die Services. CD hat zwei Ausprägungen mit unterschiedlichen Konsequenzen. Einerseits meint CD Continuous Delivery und beschreibt damit das schnelle Bereitstellen der neuen Services mit dem Ziel, die Anforderungen der Consumer frühestmöglich zu erfüllen. Andererseits meint CD Continuous Deployment. Das ständige, vollautomatische Bereitstellen der neuen Services durch alle Stages der Umgebung. Also von der Entwicklungszone DEV in die Testzone TST, in der vollautomatisierte Tests gegen den neuen Service durchgeführt werden. Nach Erfolg von dort automatisch weiter in die Zonen Integration mit weiteren Tests und Produktion. Dabei muss das Risiko bewertet werden, dass unbeabsichtigt fehlerhafte Software in die produktiven Services deployed wird. Und dass unberechtigte Entitäten im CI/ CD Prozess Schadsoftware als Software Artefakte deployen.

DevOps ist ein Prozess in dem die Bereiche Entwicklung (Development) und Operating zusammengeführt werden um im agilen Development und Deployment Modell neue Services bereitzustellen. Hier muss das Risiko bewertet werden, dass der DevOps Prozess fehlerhaft ist und im produktiven Umfeld angepasst werden muss.

Ebenso erhalten die Mitarbeitenden neue Aufgaben, Arbeitsprofile ändern sich, es werden neue Skills gefordert. Hierbei ist das Risiko zu bewerten, dass die geforderten Skills nicht in dem Umfang und in der geforderten Zeit bereitstehen und dass wegen

Cloud Security Grundlagen

unzureichender Praxis fehlerhaft gearbeitet wird.

Bei der Einführung von Cloud Technologie unterstützt das Riskmanagement mit den folgenden Massnahmen.

Zuerst wird das ERM installiert.

Im nächsten Schritt wird ein Plan entwickelt, in dem klar definierte Ziele und die Rolle der Cloud Technologie im Unternehmen beschrieben sind. Anhand dessen ist es dem Management möglich, klare Entscheidungen zu treffen.

Schliesslich ist die Governance um die Cloud Governance zu erweitern. In dieser sind Reporting Strukturen betreffend der Cloud Technologie enthalten, es sind die internen IT Skills beschrieben und es wird der Risk Appetite, also die Risiko Bereitschaft, betreffend der Cloud Technologie definiert.

Mit diesen Voraussetzungen erfolgt anschliessend eine Risiko Analyse der Cloud Technologie mit dem Ziel, die Cloud Strategie festzulegen.

Die nachfolgende Übersicht zeigt die Schritte die zum gewünschten Cloud Modell führen:

Cloud Optionen

Abbildung 11, Cloud Optionen

Cloud Security Grundlagen

Im ersten Schritt werden die Geschäftsprozesse analysiert, die neu mit der Cloud Technologie umgesetzt werden sollen.

Im nächsten Schritt werden die verfügbaren Deployment Modelle der Cloud Technologie analysiert. Zur Verfügung stehen hier die Modelle der Public Cloud, der Hybrid Cloud, der Multi Cloud sowie die Private Cloud. Es erfolgt die Festlegung, mit welchem Deployment Modell die Geschäftsprozesse umgesetzt werden sollen.

Im nächsten Schritt erfolgt die Analyse der verfügbaren Service Delivery Modelle. Hier stehen die Varianten Infrastructure as a Service IaaS, Plattform as a Service PaaS, Container as a Service CaaS und Software as a Service SaaS zur Verfügung. In diesem Schritt wird festgelegt, welcher Geschäftsprozess mit welchem Cloud Service realisiert wird.

Aus allen diesen Schritten erfolgt schliesslich die Auswahl der möglichen Cloud Lösung und möglicher Cloud Provider.

Mithilfe des ERM Frameworks und der Cloud Governance erfolgt schliesslich die Analyse der gefundenen Cloud Lösung mit dem Ziel, die für das Unternehmen ideale Technologie zu definieren.

Cloud Security Grundlagen

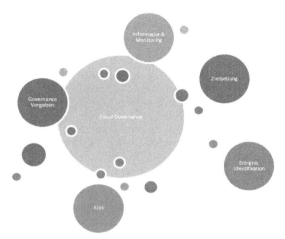

Abbildung 12, Cloud Governance

Die Cloud Governance wird durch die folgenden Bereiche des ERM Framework beschrieben:

Zielsetzung

Das Management analysiert wie die Cloud Lösung mit den Unternehmenszielen übereinstimmt. Anhand der Analyse können als Ergebnis auch neue Chancen durch die Nutzung der Cloud Technologie für das Unternehmen entstehen um einen Wettbewerbsvorteil zu erhalten. In diesem Fall würden dann neue Unternehmensziele definiert und in der Governance festgehalten.

Cloud Security Grundlagen

Ereignis Identifikation

In diesem Bereich identifiziert das Management Chancen und Risiken, die die Erreichung von Geschäftszielen beeinflussen. Hierzu gehören externe Faktoren wie Gesetze, Regulatorien, wirtschaftliche Ereignisse, technologische Veränderungen sowie natürliche, politische und soziale Ereignisse. Ebenso sind unternehmensinterne Faktoren wie die Unternehmenskultur, verfügbares Personal sowie die wirtschaftliche Situation des Unternehmens zu berücksichtigen. Betreffend der geplanten Cloud Technologie sind ebenso die internen und externen Faktoren des Cloud Providers mit einzubeziehen. Als Ergebnis des Bereichs Ereignis Identifikation liegt eine übergreifende Aufstellung aller Chancen und Risiken sowie eine Bewertung der externen und internen Faktoren vor.

Risk

In der Risikoanalyse prüft das Management die vorgesehene Cloud Lösung auf alle möglichen Risiken und deren Einfluss auf das Unternehmen. Neben den unternehmensinternen Risiken, die sich durch den Einsatz der Cloud Technologie ändern, ist auch die Risikoanalyse des Cloud Providers zu berücksichtigen. Insgesamt könnten die Überlegungen der Analyse zu einem angepassten Risiko Profil des Unternehmens führen um den Einsatz der Cloud Technologie zu ermöglichen. Wie bereits früher erwähnt besteht durchaus die Möglichkeit, dass nicht alle Angaben für eine Risikoanalyse des Cloud Providers vorliegen. Dies weil der Cloud Provider keine Informationen über interne Abläufe, Massnahmen zur Sicherheit etc. weitergibt. Um die Risikoanalyse dennoch umfassend abzuschliessen müssen daher zu den fehlenden Informationen Annahmen getroffen werden.

Cloud Security Grundlagen

Governance Vorgaben
In der Governance werden unter anderem Kontrollmechanismen und Vorgaben für die Informationssicherheit definiert. Kontrollmechanismen dienen der Erkennung von sicherheitsrelevanten Ereignissen. Beim Einsatz von Cloud Technologie muss dieser Bereich der Governance angepasst werden. Einerseits müssen auch die Cloud Services überwacht werden um sicherheitsrelevante Ereignisse zu erkennen. Andererseits ist auch die Anpassung der internen Kontrollmechanismen möglich, zum Beispiel wenn bei einer Hybrid Cloud Lösung eine direkte Verbindung zwischen der eigenen IT Infrastruktur und dem Cloud Provider besteht.

Bei Vorgaben zur Informationssicherheit ist zum Beispiel die Passwort Sicherheit beschrieben oder das Ausmass, wie Informationssicherheit im Unternehmen hergestellt wird. Sind die Massnahmen bislang zu schwach, dann dürfen diese Vorgaben nicht für die Cloud Technologie eingesetzt werden.

Information und Monitoring
Um auf externe oder interne Ereignisse reagieren zu können ist schnelle und umfängliche Information nötig. Mit der Nutzung der Cloud Technologie muss diese in den Informationsprozess mit integriert werden. Stellt der Cloud Provider die nötigen Informationen nicht oder nicht in der geforderten Qualität zur Verfügung, so sind eigene Massnahmen für die Bereitstellung der Information zu ergreifen oder es muss die Cloud Governance entsprechend angepasst werden. Zur ständigen Information gehört auch die Überwachung des Cloud Providers selbst hinsichtlich der Aspekte finanzielle Situation, technische Änderungen, geänderte Regulatorien etc.

Cloud Security Grundlagen

Monitoring betrifft die Effizienz des ERM selbst. So ist das ERM einem kontinuierlichen Verbesserungsprozess unterzogen um sicherzustellen, dass der Prozess alle relevanten Risiken erfasst und in Einklang mit den Geschäftszielen bringt. Besonders in Hinblick auf die Cloud Technologie muss das ERM fähig sein, den Veränderungen in der Cloud Technologie zu folgen. Die betrifft der Evolution der Cloud Technologie selbst, einem geändertem Service Angebot, geänderten Gesetzen und Regulatorien.

Cloud Security Grundlagen

Bedeutung von Governance und ERM für die Cloud Technologie

In diesem Kapitel wurden die Bereiche Governance und Enterprise Risk Management erörtert. Dabei wurde herausgestellt, dass mit der Einführung der Cloud Technologie im Unternehmen Anpassungen in beiden Bereichen nötig sind.

Zuerst ist die Governance um den Bereich Cloud Governance zu erweitern.

Im nächsten Schritt wird das Risk Management um das Enterprise Risk Management erweitert um die Lücke zwischen der Unternehmen Strategie und dem Operativen Risk Management zu schliessen.

Mit den bekannten Zusammenhängen und Abhängigkeiten zwischen Risk und ERM, Compliance und Governance sind diese Bereiche anzupassen. Allerdings noch nicht an dieser Stelle im Buch, es folgen weitere Abhängigkeiten betreffend Datenschutz, Information Schutz und Compliance.

Letztlich muss das Unternehmen erkennen, dass Governance und Risk deutliche Anpassungen an die Cloud Technologie erhalten und dass die Cloud Technologie ein dynamischer Prozess mit ständigen Änderungen ist. Dies bedeutet ebenfalls die dynamische Anpassung von Governance und Risk.

Schliesslich sollte die Governance die Verhaltensregeln hin zu einer Fehlerkultur ändern. Es wird mit der Einführung neuer Prozesse und einer neuen Unternehmenskultur nicht möglich sein, dass von Beginn an die Prozesse fehlerfrei ablaufen. Dem

Cloud Security Grundlagen

entgegnet die Fehlerkultur, dass Fehler erlaubt sind und vielmehr Ansporn zu Verbesserungen bieten.

Ein grosser Bestandteil neben den Ausführungen zu Governance ist noch das Thema Datenschutz. Was dieses Thema konkret für die Cloud Technologie bedeutet, dies erörtert das nachfolgende Kapitel.

KAPITEL FÜNF

Datenschutz in der Cloud

Einführung in den Datenschutz

Der Datenschutz hat zwei Schwerpunkte:

Zum einen im Sinne der Information Sicherheit den Schutz der Daten selbst vor Verlust, Manipulation oder Diebstahl. In diesem Zusammenhang beschreibt der Datenschutz Massnahmen um den Schutz der Daten zu erreichen.

Andererseits hat der Datenschutz den Schutz personenbezogener Daten zum Fokus. Schutz versteht sich dabei

- als Schutz der Daten vor missbräuchlicher Verarbeitung,
- das Recht der Person auf informelle Selbstbestimmung. Heisst jede Person hat das Recht zur Bestimmung, welche Daten gespeichert und verarbeitet werden, welche Daten weitergegeben werden dürfen sowie das Recht auf Löschung der Daten
- den Schutz des Persönlichkeitsrechts bei der Verarbeitung der Daten
- den Schutz der Privatsphäre.

Mit wachsender Digitalisierung des Alltags verändert sich in steigendem Mass die Bedeutung des Datenschutzes betreffend dem Schutz

Cloud Security Grundlagen

personenbezogener Daten. So erfassen immer mehr Systeme personenbezogene Daten zum Zwecke der Verarbeitung und Speicherung. Diese Daten werden auch an Dritte weitergegeben und für Analysezwecke genutzt.

Ein Beispiel hierfür ist das personenbezogene Publizieren von Werbeinformation auf Webseiten oder auf dem Smartphone. Mithilfe der Standortbestimmung über WLAN, Mobilfunk oder GPS ermittelt das System den Standort einer Person. Mit dieser Information sowie gespeicherten und analysierter Information über die Interessen dieser Person werden individuelle Werbeinformationen aufbereitet und an das Smartphone gesendet, zum Beispiel als Pushmeldung oder als SMS. In diesem Fall ist zu bemerken, dass ausser den gesammelten und zu einem Profil zusammengefassten personenbezogenen Daten auch noch lückenlos das Bewegungsprofil der Person gespeichert und dem Profil zugefügt wird.

Ein anderes Beispiel ist das immer weiter zunehmende Interesse von staatlichen Stellen an personenbezogenen Daten, die jahrelang gespeichert, ergänzt und zu Profilen zusammengefasst werden. In diesem Zusammenhang die Gesetze zur Vorratsdatenspeicherung, der Überwachung der Telekommunikation, der Rasterfahndung zum Schutz vor Terror oder die Gesetze zum automatischen Austausch von Bankinformationen zur Aufdeckung von Steuerdelikten.

Situation in den einzelnen Ländern

Der Datenschutz ist in den jeweiligen Ländern unterschiedlich geregelt. Die betreffend der Cloud Technologie wichtigsten Standorte, USA und Europäische Union EU, werden im Folgenden erörtert.

Cloud Security Grundlagen

USA

Datenschutz ist in den USA kaum rechtlich geregelt. Auch gibt es keine Regelung über die Aufbewahrungsdauer von Daten sowie kein Auskunftsrecht gegenüber Behörden und Unternehmen, welche Daten gespeichert werden. Auch kein Recht auf Korrektur oder Löschung der Daten. Der schwache Datenschutz bezieht sich nur auf Bürger der USA, nicht auf Daten, die aus dem Ausland stammen. 2017 setzte die US Regierung auch den Datenschutz für US Bürger ausser Kraft. Seitdem ist es Unternehmen möglich, auch ohne ausdrückliche Zustimmung der Person sämtliche Daten zu sammeln, zu kombinieren, Profile zu erstellen und an Dritte weiterzugeben.

Um es US Unternehmen zu erleichtern, mit europäischen Unternehmen zusammenzuarbeiten, kam es 2000 mit dem Safe Harbor Pakt zur Übereinkunft zwischen den USA und der Europäischen Union. Mit den in 2000 gültigen Datenschutzregelungen auf Europäischer Ebene beschloss die Europäische Kommission, dass unter Einhaltung der Regelungen personenbezogene Daten zwischen der EU und den USA ausgetauscht werden können.

Am 6.10.2017 erklärte der Europäische Gerichtshof den Safe Harbor Pakt für ungültig und setzte diesen ausser Kraft. Abgelöst wurde das Safe Harbor Abkommen mit dem EU-US Privacy Shield. Dies ist eine informelle Absprache zwischen der EU und den USA. Ähnlich wie beim Safe Harbor Pakt verpflichten sich US Unternehmen freiwillig, die Regelungen des

Cloud Security Grundlagen

Europäischen Datenschutzgesetzes einzuhalten. Allerdings erklärte das EU Justizkommissariat im März 2017 die Unsicherheit des Abkommens seitdem die Trump Regierung im Amt ist.

Ähnliche Abkommen wie Safe Harbor gibt es auch zwischen den USA und der Schweiz. Allerdings hält der Eidgenössische Datenschutz und Öffentlichkeitsbeauftragte fest, das mit Aufhebung des Safe Harbor Abkommens durch den Europäischen Gerichtshof auch für die Schweiz keine Grundlage für die Übermittlung personenbezogener Daten in die USA mehr besteht. Deshalb hat er dem Bundesrat die Aufkündigung der Vereinbarung empfohlen.

Am 23.3.2018 unterzeichnete die US Regierung den CLOUD Act (Clarifying Lawful Overseas Use of Data Act). Demnach sind alle US Unternehmen verpflichtet, US Behörden auch dann den Zugriff auf gespeicherte Daten zu geben, selbst wenn der Speicher Ort nicht die USA sind. Den US Unternehmen ist es dabei untersagt ihre Kunden zu informieren, wenn ein Zugriff auf die Daten erfolgt ist. Auch ist es über den CLOUD Act möglich, dass US ausländische Unternehmen Zugriff auf Daten erhalten, die von US Unternehmen im US Ausland gespeichert werden.

Cloud Security Grundlagen

Europäische Union

In der Europäischen Union ist der Schutz personenbezogener Daten ein Grundschutz, geregelt mit der Datenschutzrichtlinie 95/46/EG.

Im Artikel 29 Datenschutzgruppe ist auch der Austausch personenbezogener Daten mit Ländern, die nicht Mitglied der EU sind, geregelt. Demnach ist der Datenaustausch erlaubt, sofern im jeweiligen Land ein angemessenes Schutzniveau besteht.

Gemäss Artikel 29 Datenschutzgruppe gehört die Schweiz zu diesen Ländern, womit ein Datenaustausch zwischen der EU und der Schweiz möglich ist.

Am 25.5.2018 trat die Datenschutz Grundverordnung der EU DSGVO [9] in Kraft. Diese hat Gültigkeit für alle Unternehmen mit Sitz oder Niederlassung in einem EU Mitgliedsland, sofern diese personenbezogene Daten von natürlichen Personen verarbeiten, die sich in der EU befinden. Und falls die Verarbeitung einem der beiden Punkte dient:

- Angebot von Waren oder Dienstleistungen, entgeltlich oder auch kostenlos
- Das Verhalten der Personen zu analysieren, sofern dieses Verhalten in den Mitgliedstaaten der EU erfolgt. Diese Analyse erfolgt zum Beispiel durch Trackingmethoden oder durch Google Analytics.

Die betroffenen Unternehmen müssen diese Pflichten erfüllen:

Cloud Security Grundlagen

- Informieren und die Einwilligung der Person einholen, deren Daten verarbeitet werden.
- „Privacy by design" und „Privacy by default" garantieren.
- Einen Datenschutzbeauftragten mit Sitz in der EU benennen
- Ein Verzeichnis der Verarbeitungstätigkeiten erstellen
- Verletzungen des Datenschutzes an die Aufsichtsbehörde melden
- Eine Datenschutz Folgenabschätzung durchführen

An dieser Stelle bleibt festzuhalten, dass das EU DSGVO auch für Unternehmen mit Sitz in der Schweiz gilt, auch dann wenn keine Niederlassung in einem EU Land besteht. Allein die Erfüllung eines der beiden folgenden Kriterien reicht aus, damit das EU DSGVO auch für Schweizer Unternehmen Geltung hat:

- Angebot von Waren oder Dienstleistungen an Personen mit Sitz in der EU
- Verhalten von Personen analysieren wenn dieses Verhalten in einem der EU Mitgliedsländer erfolgt. (Artikel 3 Absatz 2 Buchstaben a und b der EU DSGVO)

Cloud Security Grundlagen

Schweiz

Der Datenschutz ist in der Schweiz durch das Bundesgesetz über den Datenschutz (DSG) vom 19. Juni 1992, Stand am 1. Januar 2014 [10], geregelt. Gemäss Artikel 1 bezweckt das Gesetz den Schutz der Persönlichkeit und der Grundrechte von Personen, über die Daten bearbeitet werden. Besonders schützenswerte Informationen sind nach Artikel 3 Buchstabe d Daten, mit denen ein Persönlichkeitsprofil einer Person erstellt werden kann.

Zudem besteht eine Informationspflicht und Auskunftspflicht. So muss der Inhaber der Datensammlung vollständig Auskunft erteilen. Auch müssen der Bearbeitungszweck sowie die Herkunft der Daten beschrieben werden. Artikel 4 des DSG sieht ausserdem vor, dass die Bearbeitung der Daten erst mit der Einwilligung der Person erfolgen kann und dass die Einwilligung erst dann gültig ist, wenn sie nach angemessener Information freiwillig durch den Inhaber der Datensammlung erfolgt ist.

Schliesslich beschreibt Artikel 6, dass Personendaten nicht ins Ausland verbracht werden dürfen, wenn dadurch die Persönlichkeit der betreffenden Person schwerwiegend gefährdet würde.

Cloud Security Grundlagen

Im vorangegangenen Kapitel ist ausgeführt, dass der Speicherort wesentlich für die Einhaltung des Datenschutzes aus Europäischer und Schweizer Sicht ist.

So erlaubt die Europäische Datenschutzrichtlinie den Austausch und damit den Speicherort von personenbezogenen Daten nur mit Ländern, in denen ein aus Europäischer Sicht angemessenes Schutzniveau besteht. Es wurde aufgeführt, dass die Schweiz zu diesen Ländern zählt, womit aus Europäischer Sicht die Speicherung von personenbezogenen Daten aus der EU auch in der Schweiz möglich ist.

Hingegen ist der Speicherort in den USA als kritisch einzustufen. Insbesondere mit Inkraftsetzung des US CLOUD Acts ist auch die Speicherung von personenbezogenen Daten durch US Unternehmen kritisch, sollen die Europäischen und Schweizer Datenschutzgesetze eingehalten werden.

Betreffend Cloud Technologie muss berücksichtigt werden, dass die grössten Cloud Provider US Unternehmen sind (Amazon, Google, Microsoft). Diese Tatsache sollte dazu führen, dass US Cloud Provider aus Europäischer und Schweizer Sicht nicht für die Nutzung von Cloud Technologie in Frage kommen.

Bei SaaS Lösungen ist zu prüfen, wo diese Provider ihre Services betrieben. Oftmals beziehen SaaS Provider ihre Plattformen auch bei den grossen US Cloud Providern.

Mittlerweile gibt es Europäische und Schweizer Cloud Provider. Auch hier ist zu prüfen, welche Plattformen letztendlich diese Provider nutzen.

Cloud Security Grundlagen

Um die Unsicherheit zu beheben bieten die US Cloud Provider mittlerweile an, dass der Consumer über den Speicherort der Cloud Technologie entscheiden kann. So wird zum Beispiel als Speicherort West Europa angeboten, die Rechenzentren sind dann in Irland, Holland, Deutschland oder Frankreich. Microsoft hat 2018 angekündigt, bis Ende 2019 zwei Rechenzentren in der Schweiz zu betreiben um so den Schweizer Kunden sogar den Speicherort Schweiz zu ermöglichen.

Dies kommt sicherlich den Europäischen und Schweizer Datenschutzbestimmungen entgegen und sollte die Nutzung von Cloud Technologie der US Provider problemlos ermöglichen.

Allerdings muss immer noch der US CLOUD Act berücksichtigt werden und auf Management Ebene entschieden werden, wie damit umzugehen ist.

In den Kapitel Compliance und Information Sicherheit Management System werden noch Massnahmen besprochen, um diesen Sachverhalt zu lösen.

Cloud Security Grundlagen

Bedeutung der Datenschutz Gesetze für die Cloud Technologie

Der US CLOUD Act ist für die Nutzung von Cloud Technologie aus Europäischer und Schweizer Sicht eines der schwierigsten Punkte. So steht der US CLOUD Act im deutlichen Widerspruch zu den Europäischen und Schweizer Datenschutzgesetzen und verbietet im ersten Ansatz die Nutzung von Services der US Cloud Provider.

Allerdings ist die Situation in einer Grauzone. Aktuell liegt noch kein Präzedenzfall vor in dem nachgewiesen wäre, dass US Behörden Zugriff auf Europäische oder Schweizer Personendaten genommen hätten und wie die jeweilige Exekutive und Judikative damit umgegangen wäre.

In jedem Fall sind aber die Cloud Governance und das ERM entsprechend um den US CLOUD Act anzupassen.

Auch muss das Management ein Verständnis haben, welche Risiken aus dem US CLOUD Act entstehen, nicht nur betreffend Datenschutz, sondern auch Information Schutz, und wie die Risiko Strategie im Unternehmen anzupassen ist.

Auch die Compliance muss Anpassungen erfahren, dazu mehr im nachfolgenden Kapitel.

KAPITEL SECHS

Compliance und Audit Management

Compliance ist in der Unternehmensführung der Prozess zur Herstellung der Konformität mit Gesetzen, Verträgen, Regulatorien, Standards, Regeln und der Governance.

Auch berücksichtigt die Compliance die Konformität mit geschäftlichen Anforderungen.

Diese sind zum Beispiel der Einsatz wirkungsvoller und effizienter Prozesse, ein gut etabliertes Krisen und Notfallmanagement, die Reduktion von Haftungsfällen sowie die Transparenz gegenüber den Stakeholdern.

Die Compliance verfolgt dabei diese Ziele:
- Schutz der Unternehmenswerte oder auch Assets
- Verfügbarkeit der Services und Informationen
- Nachvollziehbarkeit der Prozesse und Ereignisse
- Transparenz gegenüber den Stakeholder
- Sorgfalt im Umgang mit Assets, Informationen und Daten

Cloud Security Grundlagen

Damit die Compliance die gesetzten Ziele erreichen kann, kommen die folgenden Kernbereiche Anwendung:

- **Informationsschutz**
  Der Informationsschutz stellt sicher, dass die Vertraulichkeit, Integrität und Verfügbarkeit von Informationen gewährleistet ist. Weiter stellt der Informationsschutz sicher, dass die Nachvollziehbarkeit und Transparenz von Prozessen gegeben ist sowie die Nachvollziehbarkeit, wie die Informationen entstehen und verarbeitet werden. Den Informationsschutz stellt ein Unternehmen mit der Installation eines Information Sicherheit Management System ISMS sicher, welches im nachfolgenden Kapitel erörtert wird.

- **Risikomanagement**
  Das Risikomanagement hatten wir bereits im vorausgegangenem Kapitel besprochen, weshalb hier an dieses verwiesen werden soll.

- **Informationsmanagement**
  Das Informationsmanagement stellt sicher, dass alle informationsverarbeitenden Prozesse optimal etabliert sind. Dies erfolgt durch einen separaten Kontinuierlichen Verbesserungsprozess. Auch der im Zusammenhang mit der Cloud Technologie geforderte Aspekt der Agilität beim Auffinden von Informationen wird hier berücksichtigt und die Prozesse laufend dementsprechend angepasst.

- **Internes Kontrollsystem IKS**
  Das IKS ist ein zentrales Führungselement zur Sicherstellung, dass die Compliance

Cloud Security Grundlagen

eingehalten wird und dass Geschäftsprozesse korrekt und zuverlässig abgewickelt werden. IKS ist eng mit dem Risiko- und Prozessmanagement verbunden und ist auch im bereits erwähnten COSO Framework [11], hier speziell im COSO IC Framework beschrieben.

Soweit nicht in einem der Bereiche bereits Definitionen und Massnahmen festgelegt sind, so fasst das IKS diese zusammen und ergänzt gegebenenfalls. Für die Installation des IKS sind die nachfolgenden Definitionen Voraussetzung:

i. Wie wird dokumentiert?
ii. Wo wird dokumentiert, hierunter fallen Angaben zum Speicher Ort, Medien, Tools etc.
iii. Angaben zum Kontrollumfeld, also zum Skope des IKS. Weiter sind Angaben zu den eingesetzten Prozessen, den Aufgaben, Kompetenzen und Verantwortlichkeiten der beteiligten Personen zu treffen.
iv. Die Festlegung von wiederkehrenden manuellen Kontrollen ebenso wie die Kontrollen, die automatisiert erfolgen.
v. Die Dokumentation von Non-Compliant, also der Lücken an denen Abweichungen zum gewünschten Ziel- Compliant- Zustand bestehen.
vi. Die Beschreibung des Erinnerung- und Eskalationsmanagements
vii. Das Festlegen des Reporting, welches für das nachgelagerte Auditmanagement benötigt wird.

Cloud Security Grundlagen

Das IKS kennt vier Prinzipien, nach denen das Kontrollsystem aufgebaut und gelebt wird.

1. Transparenz
Dies fordert, dass für alle Prozesse Sollkonzepte etabliert sind. Damit soll es Aussenstehenden ermöglicht werden zu erkennen, inwieweit in den einzelnen Bereichen nach dem Sollkonzept gearbeitet wird und wo noch Abweichungen bestehen.

2. Vier Augen Prinzip
Dies soll sicherstellen, dass kein geschäftsrelevanter Vorgang ohne Kontrolle erfolgen kann. Dies betrifft sowohl manuelle als auch automatische Prozesse.
Als Beispiel für einen manuellen Prozess das Auslösen einer Bestellung über 5'000.00 CHF, welche nicht ohne die Bestätigung einer zweiten Person möglich ist.
Das Beispiel für einen automatischen Prozess das Deployen von neuen Services in die Produktivzone. Dies erfolgt einerseits automatisch inklusive der Protokollierung durch den CI/ CD Prozess bis zur Aktivierung in der Produktivzone. Dies kann nur durch die manuelle Freigabe eines Serviceverantwortlichen erfolgen.

3. Funktionstrennung
Dieses Prinzip sieht vor, dass vollziehende und verwaltende

Cloud Security Grundlagen

Prozesse voneinander getrennt sind, dass also beide Funktionen nicht durch einen Prozess allein ausgeführt werden können. Dies wiederum gilt sowohl für manuelle als auch automatische Prozesse. So wie diese zum Beispiel in der Cloud Technologie ausgeführt werden könnten.

4. Mindestinformation
Dies besagt, dass eine Person als auch ein Prozess nur die Information zugänglich haben soll, die für die Ausführung des Prozesses unbedingt und mindestens erforderlich ist.

Mit Hilfe von Audits werden im Rahmen des Kontinuierlichen Verbesserungsprozesses Abweichungen zwischen dem gewünschten SOLL Zustand und dem erreichten Stand erkannt und dokumentiert. Diese Informationen liefern den Input für weitere Massnahmen, die dann im Rahmen des KVP durchgeführt werden.

Cloud Security Grundlagen

Das Auditmanagement organisiert den Prozess um Audits durchzuführen.

Als Eingangsinformationen dienen dazu

Die **Wissensdatenbank** mit den Ergebnissen aus vorangegangenen Audits

Vordefinierte Bewertungskriterien, so wie diese in der Governance defininiert sind.

Die nachfolgende Übersicht zeigt den Audit Prozess.

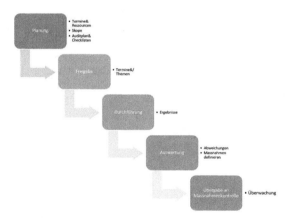

Abbildung 13, Audit Prozess

In der Phase **Planung** wird zunächst auf die Informationen der Wissensdatenbank zurückgegriffen als auch die festgelegten Bewertungskriterien dokumentiert werden. Zudem werden Termine und

Cloud Security Grundlagen

beteiligte Ressourcen bestimmt sowie der Skope des Audits festgelegt. Als Ergebnis liefert die Phase Planung den Auditplan sowie benötigte Checklisten.

Die nachfolgende Phase **Freigabe** sieht die Freigabe des Audits durch das Management vor. Hierbei wird geprüft, ob die Termine sowie die Audit Themen in Übereinstimmung mit den Audit Vorgaben, definiert durch das Management, liegen.

Die Phase **Durchführung** erfolgt anhand den vorgefertigten Checklisten und Dokumente und liefert entsprechend die Ergebnisse.

Diese Ergebnisse werden in der Phase **Ausführung** ausgewertet. Es entsteht eine Dokumentation, an welchen Stellen Abweichungen zum geforderten Sollzustand bestehen und welche Massnahmen zu ergreifen sind, diese Abweichungen zu schliessen.

In der letzten Phase **Übergabe** an Massnahmenkontrolle übergibt das Audit den Massnahmenplan an den KVP. Hier werden die Massnahmen für die Umsetzung eingeplant und überwacht.

Cloud Security Grundlagen

Bedeutung von Compliance und Audit Management für die Cloud Technologie

In diesem Kapitel wurden Compliance und Audit Management erörtert. Im Kapitel „Governance und Enterprise Risk Management" wurde die enge Verzahnung zwischen Governance, Risk und Compliance beschrieben und die Auswirkungen für die Compliance.

Betreffend der Cloud Technologie sind Compliance und Audit Management anzupassen, die Vorgaben liefern betreffend Compliance die Governance und auch die bestehenden Gesetze.

In den zurückliegenden Kapiteln wurde immer auch auf die Notwendigkeit des Information Schutzes und des Information Sicherheit Management Systems ISMS hingewiesen.
Beides wird im nachfolgenden Kapitel erörtert.

KAPITEL SIEBEN

Information Sicherheit Management System für Cloud Technologien

In diesem Kapitel wird erörtert, aufgrund welcher Anforderungen das Information Sicherheit Management System ISMS im Unternehmen etabliert wird, was das ISMS beinhaltet und welche besondere Bedeutung das ISMS in Bezug auf die Cloud Technologie für das Unternehmen hat.

Anforderungen an das Information Sicherheit Management System ISMS

Bevor es zur Klärung des Themas Information Sicherheit kommt, zuerst die Definition zweier grundlegender Begriffe.

Daten
Ganz allgemein sind Daten Werte oder formulierbare Befunde, die durch Messung oder Beobachtung zustande kommen.

Speziell für die Informatik lassen sich Daten folgendermassen beschreiben:

Daten sind eine lesbare und bearbeitbare, digitale Repräsentationen von Informationen. Wir unterscheiden hierbei diese drei Typen von Daten:

---

[7] Aus [22]

Cloud Security Grundlagen

- Strukturierte Daten. Dies sind zum Beispiel Datenbanken oder Dateien
- Semistrukturierte Daten, zum Beispiel xml Dateien. In diesen sind durch die xml Beschreiber die Strukturen definiert.
- Unstrukturierte Daten. Dies sind zum Beispiel Dokumente, Texte oder Grafiken

Definition 12, Daten

Information

Information entsteht durch das Bilden, Gestalten oder Darstellen von Daten. Die Information ist eine Teilmenge an Wissen die ein Sender einem Empfänger mittels Signalen über ein bestimmtes Medium vermittelt. Somit werden durch kognitive Operationen beim Sender und beim Empfänger aus Daten Informationen.

Informationen weisen diese Eigenschaften auf:
- Sie dienen der Wissensvermehrung
- Information hat dann einen Wert, wenn sie die Kenntnis erweitert
- Information ist dialogisch, das heisst sie ist Sender und Empfänger bezogen
- Informationen lassen sich beliebig oft kopieren
- Information ist beliebig kombinierbar

Schliesslich ist Information ein Wirtschaftsgut welches einen bestimmten Wert für eine Person oder ein Unternehmen darstellt.

Definition 13, Information

Cloud Security Grundlagen

Damit lassen sich bereits an dieser Stelle einige Aspekte der Information Sicherheit ableiten.

- Information ist ein Wirtschaftsgut und stellt einen Wert dar. Diesen Wert gilt es zu schützen.
- Information ist Sender und Empfänger bezogen. Wie ist es aber, wenn der Sender sicherstellen möchte, zum Beispiel in einer vertraulichen Situation, dass auch nur der Empfänger die Information erhält? Und dass niemand auf dem Übertragungsweg Einsicht in die Information erhält?

Zusammengefasst ist dann die Information Sicherheit folgendermassen definiert:

Information Sicherheit sind die Methoden zur Sicherstellung der Schutzziele Vertraulichkeit, Integrität und Verfügbarkeit eines festgelegten Sets schützensrelevanter Informationen.

Definition 9, Information Sicherheit

Damit wird auch gleich die Frage geklärt, warum ein Management System im Unternehmen etabliert wird, das sich mit dem Thema Information Sicherheit auseinandersetzt.

Die Information Sicherheit beschreibt, dass es im Unternehmen schützensrelevante Informationen gibt, die zu schützen sind. Anderseits sind Informationen Werte oder auch Assets für das Unternehmen. Wie in vorangegangenen Kapiteln beschrieben ist es auch die

Cloud Security Grundlagen

Aufgabe des Managements, die Werte des Unternehmens zu schützen und in ihrem Wert weiterzuentwickeln. Also ist die Information Sicherheit eine Management Aufgabe und ist auch in der Unternehmen Governance beschrieben.

Hinzu kommen an vielen Stellen gesetzgeberische und regulatorische Vorgaben, wie ein Unternehmen mit Informationen umzugehen hat.

Einerseits aus dem Bereich Risk, nachdem es Unternehmen vorgeschrieben ist, ein Risikomanagement ein- und durchzuführen. Dies ist zum Beispiel im Schweizer Obligationenrecht Art. 961c, Durchführen einer Risikobeurteilung, vorgeschrieben.

Schliesslich noch Regulatorien der USA wie der Sarbanes- Oxley Act. Dieses Gesetz aus dem Jahr 2002, als Reaktion auf mehrere Bilanzskandale in den USA, hat die Verlässlichkeit und Richtigkeit der veröffentlichten Finanzdaten von Unternehmen zum Ziel. Die Berücksichtigung des Sarbanes- Oyley Acts hat umfangreiche Anpassungen der Governance und Compliance zur Folge und greift grundlegend in die Nachvollziehbarkeit von administrativen Handlungen und den Umgang mit Daten ein. Diese Vorgaben und die Implementierung geeigneter Prozesse entsprechen der Zielsetzung der Information Sicherheit. Der Sorbanes- Oxley Act findet auch auf Nicht US Unternehmen Anwendung, sobald das Unternehmen in Geschäftsbeziehung mit den USA treten.

Und schliesslich die Vorgaben aus den Datenschutzgesetzen, das Schweizerische DSG sowie die EU-DSGVO. Obwohl Datenschutz nicht identisch mit Information Sicherheit ist, so wird in diesem

Cloud Security Grundlagen

Kapitel noch erörtert, dass die Einhaltung der Datenschutzgesetze mit der Implementierung eines ISMS wesentlich vereinfacht wird oder dass sogar die im EU-DSGVO geforderten Massnahmen in einem ISMS beschrieben sind.

Cloud Security Grundlagen

Beschreibung, Aufbau und Implementierung des ISMS[8]

Wie zuvor beschrieben hat die Information Sicherheit die Sicherstellung der Schutzziele Vertraulichkeit, Integrität und Verfügbarkeit zum Gegenstand.

Vertraulichkeit bedeutet den Schutz von Informationen vor unberechtigter Offenlegung. Erfolgt ein Informationsaustausch zwischen A und B, so muss sichergestellt sein, dass kein Dritter Einsicht in die Information erhält.

Integrität ist der Schutz der Information vor Modifikationen, Löschungen sowie das Verhindern der Erstellung von Duplikaten und das Verhindern, dass die Information erneut in einen Prozess eingespeist wird. Integrität sieht zudem vor, dass jeder Verstoss gegen die Integrität vom System erkannt und protokolliert wird.

Verfügbarkeit ist die Sicherstellung der Zugänglichkeit und Nutzbarkeit von Information für berechtigte Entitäten wie Personen oder Services. Dies in der geforderten Qualität und den erforderlichen Nutzungszeiten.

Weitere Anforderungen, die mit der Information Sicherheit erfüllt werden, sind:

Authentizität, das heisst die Sicherstellung der Echtheit von Information und von Entitäten. Der Nachweis der Authentizität erfolgt durch die Authentifizierung, also die Prüfung und der Nachweis der Identität oder

---

[8] Aus [22]

Cloud Security Grundlagen

anderer Eigenschaften einer Entität. Der dazugehörige Prozess ist die Authentisierung.

Zurechenbarkeit und **Verantwortlichkeit** bedeuten die Übernahme von Verantwortung, Rechenschaft und Haftung für eine Information durch eine Person. Diese verantwortet die Korrektheit und Sicherheit der Information, zudem überwacht und kontrolliert die Person alle Zugriffe auf die Information.

Verbindlichkeit einer Information heisst, dass keine Entität, die am Informationsaustausch beteiligt ist, das Senden oder Empfangen der Information abstreiten kann. Technisch und methodisch stehen hier zur Verfügung

Proof of Origin, hiermit kann der Empfänger eindeutig den Ursprung der Information nachweisen.

Proof of delivery, hiermit kann der Sender die Auslieferung der Information nachweisen.

Um dem gerecht zu werden erfolgt die Einführung eines Information Sicherheit Management Systems ISMS im Unternehmen. Ziel des ISMS ist es, den erforderlichen Grad an Information Sicherheit zu gewährleisten und aufrecht zu erhalten.
Dabei ist das ISMS als Regelwerk zu verstehen und nicht als Beschreibung der technischen Massnahmen.

Cloud Security Grundlagen

Kernpunkte eines ISMS sind

- Umgang mit Risiken
- Vorgabe von Richtlinien und Anleitungen oder auch Policies
- Planung und Umsetzung konkreter Sicherheitsmassnahmen
- Überprüfung durch regelmässige Audits
- Zuweisung von Verantwortlichkeiten

Geregelt ist das ISMS durch die ISO Normen der 2700* Reihe. [13] Die nachfolgende Grafik zeigt die Zusammenhänge.

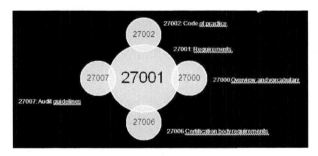

ISO/IEC 27000 bezeichnet dabei die gesamte ISO 2700* Normenreihe und meint kein spezifisches Dokument.

Cloud Security Grundlagen

Erster Bestandteil der ISO 27000 Normenreihe ist das Überblickdokument ISO 27000. Dieses liefert Informationen
- Zu Begriffen und Definitionen sowie deren Kategorisierung
- Die Verwendung bestimmter Ausdrücke und Begrifflichkeiten im Zusammenhang mit den Standard Klauseln
- Zur Prozessorientierung im Rahmen eines ISMS
- Zur Bedeutung und Wichtigkeit eines ISMS
- Zu den kritischen Erfolgsfaktoren eines ISMS
- Zur Familie der ISMS bezogenen Standards

Cloud Security Grundlagen

Nächstes zentrales Dokument ist ISO 27001:2013 [14], welches sich speziell mit dem ISMS befasst sowie den Anforderungen und den Sicherheitstechniken. ISO27001:2013 befasst sich im Detail mit

- Spezifikation von Anforderungen zur Festlegung und Umsetzung, Überprüfung und Verbesserung eines ISMS im Kontext des allgemeinen Geschäftsrisikoansatzes
- Spezifikation von Massnahmenzielen (control objectives) und Anforderungen an die Umsetzung von Sicherheitsmassnahmen (controls), die an die spezifischen Erfordernisse individueller Organisationen anzupassen sind
- Universeller Standard für alle Arten von Organisationen, kommerzielle Unternehmen ebenso wie gemeinnützige Organisationen oder staatliche Einrichtungen.

Der Zweck von ISO27001:2013 ist die Bereitstellung normativer Anforderungen im Rahmen des definierten Bereichs sowie die Basis für Konformitätsaudits und ISMS Zertifizierungen.

Der nachfolgende Überblick zeigt die Bereiche, die in ISO27001:2013 abgedeckt werden (aus [15]):

Cloud Security Grundlagen

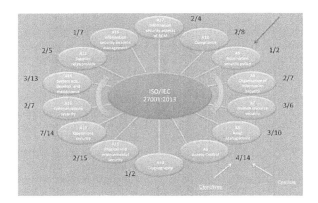

Ein weiteres zentrales Dokument ist ISO27002 [16].

Dieses ist aufbauend auf ISO27001:2013 und versteht sich als „code of practice for information security management", also der Bereitstellung allgemein akzeptierter Massnahmenziele (control objectives) und Massnahmen (controls) und anerkannter sowie erprobter Anleitungen zur Umsetzung dieser Massnahmen im Rahmen eines ISMS.

ISO27002 liefert demnach Umsetzungsanleitungen zu den Sicherheitsmassnahmen, die in den Abschnitten A5 bis A15 von ISO27001:2013 spezifiziert sind [15].

Cloud Security Grundlagen

Schliesslich noch ISO27006 [17], welches das Reglement zur Zertifizierung beschreibt. Hierzu ist zu bemerken, dass es verschiedene Möglichkeiten der Zertifizierung gibt.

Zunächst die Zertifizierung ISO27001 als Unternehmen zum Nachweis eines funktionsfähigen implementierten ISMS. Gemäss regulatorischen, gesetzlichen oder vertraglichen Vorgaben sind Unternehmen verpflichtet, diesen Nachweis durch ein Audit zu erbringen. Audits selbst sind in ISO27007 beschrieben.

Dann die Zertifizierung als Person gemäss ISO27001 oder ISO27002.

Bleibt an dieser Stelle zu bemerken, dass es für die Zertifizierung eines Unternehmens nicht ausreicht, die Mitarbeitenden nach ISO 27001 zertifizieren zu lassen.

ISMS Aufbau[9]

Bevor wir zum Aufbau und der Implementierung eines ISMS kommen noch einige Anmerkungen zum Vokabular.

Asset

Das Asset beschreibt einen Wert im Unternehmen und ist je nach Beurteilung und Unternehmen unterschiedlich. Beispiele für Assets sind Informationen, Software, Rechner, Services, Menschen, Qualifikationen, Erfahrungen sowie immaterielle Werte wie Ansehen, Vertrauen und Reputation.

Leitlinie oder Policy

Beschreibt eine Absicht und Anweisung welche formell durch das Management festgelegt wird.

Prozess

Dies ist der Ablauf von zusammenhängenden oder wechselwirkenden Aktivitäten, die zu definierten Eingaben bestimmte Ergebnisse liefern.

Gut definierte Prozesse kennzeichnen sich durch
- Zusammenhängende Aktivitäten
- Klar definierte Schnittstellen
- Messbare und wiederholbare Ergebnisse

Hierbei auch die Anmerkung wieso eine starke Prozess Orientierung im Sicherheitsmanagement vorhanden ist.

Im Sicherheitsmanagement werden Aufgaben durch einen Prozess gesteuert.

---

[9] Aus [22]

Cloud Security Grundlagen

Das Sicherheitsmanagement ist zielorientiert, und genau dieses unterstützt der Prozess.

Schliesslich ist im Sicherheitsmanagement eine Standardisierung von Abläufen, Verfahren und Werkzeugen gewünscht. Was ebenfalls durch standardisierte Prozesse unterstützt wird.

Ebenso wichtig ist die Regelung klarer Zuständigkeiten und Verantwortlichkeiten im Sicherheitsmanagement, was ebenso aus einer Prozess Struktur resultiert.

Dokumentiert wird die Regelung durch eine RACI Matrix. Dabei steht

R für responsible oder verantwortlich betreffend der Ausführung und Umsetzung

A für accountable im Sinne der Verantwortung für den Prozess

C für consulted, also Personen deren Beratung einzuholen ist

I für informed, also Personen die über den Prozess zu informieren sind ohne dass eine Stellungnahme eingefordert wird.

Bei der Pflege einer RACI Matrix sollten stets Personen aufgeführt werden, speziell in den Rollen responsible und accountable.

Zudem kann es nur eine Person in der Rolle accountable geben, dafür mehrere in den übrigen Rollen.

Als weiteren Begriff das Verfahren oder Procedure.

Dies ist ein vorgegebener Weg um einen Prozess oder eine Aktivität abzuwickeln.

Dokument

Im Sinne ISO27000 gilt das Dokument als eine gespeicherte Information und einem zugehörigen Medium.

Cloud Security Grundlagen

Record
Der Record schliesslich ist ein Dokument, das erzielte Resultate wiedergibt oder welches als Nachweis für Aktivitäten dient.

Plan
Dies ist die dokumentierte gedankliche Vorwegnahme von Handlungsschritten zur Erreichung von Zielen oder zur Erfüllung von Vorgaben. Der Plan hat stets Bezug auf einen bestimmten Zeitraum.

Leitlinie
Diese ist die Vorgabe von Zielen und Richtlinien. Die Erreichung und Erfüllung wird durch einen Plan unterstützt.

Cloud Security Grundlagen

ISMS- Leitlinien, Prozesse und Verfahren[10]

Die nachfolgende Übersicht zeigt die Zusammenhänge zwischen den Leitlinien, Prozessen und Verfahren im ISMS.

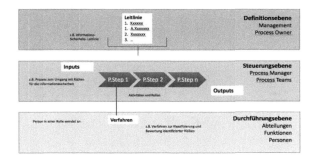

Zum einen die Definitionsebene, angesiedelt beim Management. Auf dieser Ebene werden die Leitlinien erlassen, zum Beispiel die Information Sicherheitsleitlinie.

In der Steuerungsebene erfolgt die Umsetzung der Leitlinien, gesteuert durch einen Prozess. Accountable im Sinne der RACI Matrix hierfür ist der Prozessmanager.

In der Durchführungsebene erfolgt schliesslich die Durchführung einer Aktivität wie sie im übergeordneten Prozess beschrieben ist.

---

[10] Aus [22]

Cloud Security Grundlagen

ISMS- Dokumente und Records

Die nachfolgende Übersicht zeigt die Zusammenhänge zwischen Dokumenten und Records in einem ISMS.

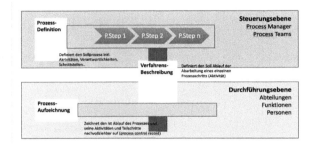

Auf der Steuerungsebene, also der Prozessebene, erfolgt die Dokumentation der Prozesse sowie der dazugehörigen Verfahren.

Auf der Durchführungsebene werden die einzelnen Teilaktivitäten des Prozesses mittels Records dokumentiert. Dies um den Verlauf der Aktivität sowie das Ergebnis festzuhalten.

Risikomanagement

Grosse Bedeutung für den Aufbau eines Information Sicherheit Management Systems hat das Risk Management. Dies wurde bereits im Kapitel „Governance und Enterprise Risk Management" beschrieben, weshalb von dieser Stelle aus auf dieses Kapitel verwiesen wird.

Cloud Security Grundlagen

Schritte zur Festlegung eines Information Sicherheit Managementsystems ISMS[11]

Die nachfolgenden Schritte eignen sich sehr gut um ein ISMS in einem Unternehmen einzuführen:

1. Definition des Anwendungsbereichs
2. Definition der ISMS-Leitlinie
3. Definition der Vorgehensweise zur Risiko Einschätzung
4. Identifizierung der Risiken
5. Analyse und Bewertung der Risiken
6. Identifizierung und Bewertung der Optionen zur Risikobehandlung
7. Auswahl der Massnahmenziele (control objectives) und Massnahmen (controls) zur Risikobehandlung
8. Zustimmung des Managements zu vorgeschlagenen Restrisiken
9. Genehmigung des Managements für das ISMS
10. Erstellung einer Erklärung zur Anwendbarkeit

Definition des Anwendungsbereichs:
Wie zuvor erläutert wird zuerst der Umfang oder Scope des ISMS bestimmt. Bewährt hat sich die Einführung eines ISMS als Projekt und zuerst reduziert auf einen abgegrenzten Unternehmensbereich. Zum Beispiel alle IT Services mit Webzugriff. Ausgehend von den Erfahrungen und Verbesserungen des ISMS innerhalb der ersten Scopes wird das ISMS dann schrittweise auf weitere Unternehmensbereiche ausgeweitet.

Definition der ISMS Leitlinie:

---

[11] Aus [22]

Cloud Security Grundlagen

Wie zuvor beschrieben wird die ISMS Leitlinie erstellt. Wichtig ist an dieser Stelle zu bemerken, dass dies eine Aufgabe des Managements ist.

Die Punkte 3 bis 7 ergeben sich aus den vorausgegangenen Bemerkungen.

Weiterhin unterstreichen die Punkte 8 und 9 die Bedeutung des ISMS und die zwingende Unterstützung durch das Management.

Schliesslich die Mindestanforderungen an die ISMS Dokumentation:

- Dokumentierte ISMS Leitlinie und ISMS Ziele
- Dokumentierter Anwendungsbereich des ISMS
- Verfahren und Massnahmen (controls) zur Unterstützung des ISMS
- Beschreibung der Methode zur Risikoeinschätzung
- Bericht der Risikoeinschätzung
- Risikobehandlungsplan
- Verfahren zur Planung, Durchführung, Kontrolle und Messung der ISMS Prozesse
- Alle von ISO/IEC 27001 geforderten Aufzeichnungen (records)
- Dokumentierte Erklärung zur Anwendbarkeit

Cloud Security Grundlagen

Kontinuierlicher Verbesserungsprozess

Ein ISMS wird üblicherweise zunächst in einem überschaubaren Teilbereich eines Unternehmens eingeführt, zum Beispiel in einer kleineren Business Unit.

Dies um durch die Einführung des ISMS möglichst wenig Einflüsse auf die übrigen Geschäftsprozesse zu haben, um schnell erste Ergebnisse zu erzielen und um Erfahrungen im Unternehmen zu sammeln.

Das einmal definierte und implementierte ISMS sieht sich dann ständigen Veränderungen unterzogen. Zum einen werden diese durch äussere Einflüsse wie neue Regulatorien oder Gesetze oder durch neue Bedrohungsszenarien erzeugt. Zum anderen durch den Wunsch nach Erhöhung des Reifegrads des ISMS. Und schliesslich durch Stakeholder die weitere Anforderungen an das ISMS stellen.

Zur Beschreibung der kontinuierlichen Verbesserung steht uns der Deming Zyklus [3] zur Verfügung, nachfolgend in der Ausprägung für das ISMS gezeigt.

Cloud Security Grundlagen

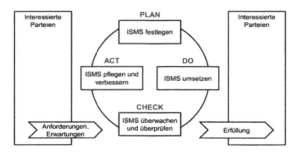

In der Planungsphase werden diese Tätigkeiten umgesetzt:
- Planung von Aktivitäten und Verantwortlichkeiten:
- Planung der nächsten Ziele und Meilensteine
- Planung der Prozesse, Aktivitäten und Verfahren
- Planung der Verantwortlichkeiten und Zuständigkeiten (RACI)
- Planung der Dokumentenlenkung (inklusive Versionierung, Ablage, Reviews)
- Planung der Tool Unterstützung (Automatisierung)
- Planung von Schulungen und Awareness Massnahmen
- Planung von Kennzahlen
- Planung von Überprüfungen und Audits
- Planung des Umgangs mit Verbesserungen

In der Überprüfungsphase CHECK wird das umgesetzte ISMS anhand der definierten Kennzahlen auf seine Effizienz und Erfüllung der Anforderungen der Stakeholder überprüft.

Cloud Security Grundlagen

Daraus werden in der Verbesserungsphase ACT Massnahmen für die weitere Anpassung des ISMS definiert.

Diese und weitere Anforderungen der Stakeholder finden ihren Eingang in die nächste Planungsphase und der Prozess wiederholt sich.

Das Information Sicherheit Management beschreibt, dass Information ein wertvolles Gut für das Unternehmen ist das es zu schützen gilt. Schutz bedeutet das Herstellen von Vertraulichkeit, Integrität und Verfügbarkeit.

Das ISMS definiert den Umgang mit Risiken, was bereits im Risk und IT Risk Management festgelegt ist. Zudem gibt das ISMS Richtlinien vor wie Sicherheit hergestellt wird, es plant konkrete Sicherheitsmassnahmen und beschreibt die Umsetzung. Ebenso regelt das ISMS Verantwortlichkeiten und gibt vor, wie Audits betreffend dem Sicherheit Management durchgeführt werden.

Während es für die Einführung des ISMS in klassischen Rechenzentren bewährte Best Practice Vorgehen gibt, ist die Frage wie mit der Cloud Technologie umzugehen ist.

Vom technischen und organisatorischen Gesichtspunkt aus ist die Verlagerung von Services in die Cloud Technologie gleichzusetzen mit einem Outsourcing Prozess zu einem Provider mit einem klassischen Rechenzentrumsbetrieb. Auch beim klassischen Outsourcing müssen die einzelnen Domänen des ISMS mit dem Provider abgeglichen werden.

Cloud Security Grundlagen

So ist das Risk Management um die Risiken des Providers zu erweitern. Der Provider hat ein eigenes Risk Management und eigene Sicherheitsmassnahmen für seine IT Infrastruktur. Üblicherweise hat der Provider auch ein eigenes ISMS installiert um compliant gegenüber seinen Kunden zu sein und um überhaupt Sourcingaufträge ausführen zu können.

Wie im Kapitel Risk erläutert, gilt es bei der Cloud Technologie genauso, das eigene Risk Management um die Risiken des Cloud Providers zu erweitern. Auch in diesem Fall stellt der Cloud Provider eigene Sicherheitsmassnahmen für die Cloud Infrastruktur zur Verfügung. Allerdings wird der Cloud Provider keinen Einblick in seine Sicherheitsmassnahmen erlauben und auch nicht über sein Risk Management. Seitens des Unternehmens ist das Risk Management dahingehend anzupassen, dass dem Cloud Provider Vertrauen betreffend der Sicherheit entgegengebracht wird. Es ist abzuwägen, welches zusätzliche Risiko für das Unternehmen bei Nutzung der Cloud Technologie besteht. Und es ist zu berücksichtigen, dass ein Cyber Angriff auf die Cloud Infrastruktur wahrscheinlicher ist als auf die eigene IT Infrastruktur.

Während die ISMS Richtlinien, das Festlegen von Verantwortlichkeiten, das Umsetzen von Sicherheitsmassnahmen und Vorgaben für Audits bei einem klassischen Sourcing Provider angewendet werden können, so ist dies bei einem Cloud Provider nicht möglich. Der Cloud Provider hat eigene Richtlinien und bietet seine Services in einem für ihn sinnvollen Umfang an. Der Consumer kann diese Services nutzen, ohne Einfluss auf deren Eigenschaften, Qualität etc. zu haben.

So ist das ISMS betreffend diesen Punkten anzupassen. Wobei zuerst eine Überlegung stattfindet, welche Cloud Services konsumiert werden.

Cloud Security Grundlagen

Wie im Kapitel „Cloud Computing Architektur" beschrieben hat der Consumer bei einer IaaS Lösung den höchsten Freiheitsgrad, um Cloud Services zu konfigurieren. Am wenigsten Einfluss hat der Consumer bei SaaS Lösungen.

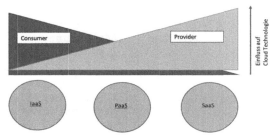

Abbildung 6, Cloud Modelle und Einflussnahme

Im Fall von SaaS Lösungen muss daher der Consumer im Rahmen seiner Prozesse für Compliance, Governance, Risk und ISMS prüfen, ob der SaaS Service die Vorgaben erfüllt oder ob die Vorgaben vertretbar angepasst werden können um den SaaS Service nutzen zu können.

Cloud Security Grundlagen

Bei IaaS und PaaS Lösungen kann der Consumer versuchen, seine Vorgaben aus dem ISMS in der Cloud Technologie umzusetzen. Da organisatorisch kaum Einfluss auf den Cloud Provider genommen werden kann, bleiben dem Consumer technische Möglichkeiten. Der Consumer prüft also, inwiefern die nachfolgend aufgeführten Möglichkeiten bestehen.

	Technische Möglichkeit der Cloud	Beschreibung der Massnahme
	VPN Zugang	Um die konsumierten Cloud Services zu verwalten und um den Datenaustausch zwischen der eigenen Infrastruktur und der Cloud zu ermöglichen, muss es einen ausschliesslichen VPN Zugang zur Cloud geben.
	Öffentliche Internet Zugänge	Es muss sichergestellt sein, dass nur vom Consumer konfigurierte öffentliche Zugänge bestehen. Alle Cloud Services haben per default

Cloud Security Grundlagen

		keinen öffentlichen Zugang oder es muss möglich sein, die öffentlichen Internetzugänge zu deaktivieren.
	Schutz der öffentlichen Internet Zugänge	Es muss möglich sein, die öffentlichen Zugänge durch eine Firewall und eine Web Application Firewall WAF zu schützen. Die Firewall muss mit einem vom Consumer zu definierenden Regelwerk ausgestattet werden können. Gleiches gilt für die WAF.
	Netzwerk Routing	Der Consumer kann in der Cloud ein eigenes virtuelles Netzwerk und das dazugehörige Routing erstellen.
	Netzwerk Verschlüsselung	Der Consumer kann jeglichen Netzwerkverkehr in der Cloud verschlüsseln. Die Schlüssel erstellt der Consumer selbst und er

Cloud Security Grundlagen

		verfügt über eine eigene Schlüsselverwaltung. Der Provider hat keinen Zugriff auf die Schlüssel und kann den Netzwerkverkehr nicht abhören.
	Daten Verschlüsselung von Storage und Datenbanken	Storage und Datenbanken können vom Consumer verschlüsselt werden. Die Schlüssel erstellt der Consumer selbst und er verfügt auch über eine eigene Schlüsselverwaltung. Der Provider hat keinen Zugriff auf die Schlüssel des Consumers und kann die Daten nicht entschlüsseln.
	Schutz der Application Services	Der Consumer kann für jeden Application Service (zum Beispiel eine Webapplikation) eine virtuelle IP innerhalb des vom Consumer definierten virtuellen Netzes

Cloud Security Grundlagen

	festlegen. Weiter kann der Consumer festlegen, welcher Service auf diese virtuelle IP wie zugreifen kann.

Cloud Security Grundlagen

Mit diesen Massnahmen kann der Consumer seine im ISMS definierten Sicherheitsmassnahmen auch in der Cloud Technologie umsetzen. Allerdings muss im ISMS berücksichtigt werden, dass der Cloud Provider seine Cloud Services häufigen Änderungen unterzieht. Dies um seine Services zu verbessern oder mit neuen Fähigkeiten zu versehen. Jedoch können diese Veränderungen Anpassungen in den Konfigurationen des Consumers nötig machen. Somit hat der Consumer bei jeder Service Änderung mit eigenen Aufwänden zu rechnen.

Ein interessanter Ansatz ist der Container Service CaaS. Die Containerisierung wurde bereits im Kapitel „Cloud Computing Architektur" beschrieben.

Mit CaaS stellt der Cloud Provider die Container Plattform als managed Service zur Verfügung. Inklusive des zur Verwaltung der Container benötigten Orchestrators, meist Kubernetes. Damit ist der Consumer auf einer weiteren Ebene der Cloud Technologie, losgelöst von virtuellen Servern und virtuellen Netzwerken.

Gelingt es dem Consumer, seine Services in einer Container Umgebung abzubilden, dann ist dies ein Schritt in Richtung Unabhängigkeit vom Cloud Provider. Im einfachsten Fall ist bei einem Provider Wechsel nur das Verschieben der Container vom alten zum neuen Provider nötig.

Gelingt es zudem die Netzwerksicherheit in Form von Firewalls und Web Application Firewalls ebenfalls in der Container Umgebung abzubilden, dann erhöht dies die Flexibilität noch einmal mehr.

Cloud Security Grundlagen

KAPITEL ACHT

Cloud Security- Quo vadis?

Im Kapitel „Einstieg in die Cloud Technologie" „Wie ist die Situation 2018" ist beschrieben, dass sehr viele Unternehmen Cloud Technologie nutzen wollen, dass aber eine grosse Unsicherheit betreffend Compliance, Information Sicherheit und Datenschutz besteht.

Die Frage war, ob es Methoden gibt, die eine sichere Nutzung der Cloud Technologie erlaubt.

Am Abschluss dieses Buches kann die Frage ganz klar mit Ja beantwortet werden.

Aber zusammengefasst, was bedeutet die Nutzung der Cloud Technologie?

Veränderungen im Unternehmen

Auf das Unternehmen kommen vielfältige Veränderungen zu.

Zuerst muss Klarheit bestehen, dass mit der Cloud eine neue Technologie eingeführt wird. Es gilt sich mit dieser neuen Technologie auseinanderzusetzen. Die Philosophie der Cloud Provider am Markt verstehen zu lernen, zu verstehen, wie der jeweilige Cloud Provider seine Services zur Verfügung stellt und welche Roadmap die Cloud Provider für ihre Services sehen. Zudem muss sich das Unternehmen mit den jeweiligen Cloud Objekten der Provider auseinandersetzen. Welche Strukturen werden wie

Cloud Security Grundlagen

angeboten und wie kann das Unternehmen diese für sich am besten nutzen? Ist es IaaS, PaaS oder Saas? Oder eine Kombination von allen?

Die neue Technologie erfordert zudem den Aufbau neuer Skills für die Mitarbeitenden im Unternehmen. Im IT Operating müssen neue Fähigkeiten und Methoden aufgebaut werden im Umgang mit IaaS, PaaS, SaaS und allenfalls mit der Container Technologie. Es müssen die Tools der jeweiligen Cloud Provider bekannt sein um die Cloud Services konfigurieren und möglicherweise administrieren zu können. Ebenfalls muss sich das Entwicklerteam mit den neuen Technologien auseinandersetzen. Gerade die Container Technologie bedeutet neue Herausforderungen auch für die Software Entwicklung.

Insgesamt stellt der Weg in die Cloud das Unternehmen vor neue Herausforderungen. Es ist nötig sich mit der neuen Technologie auseinanderzusetzen, die Bereitschaft zu entwickeln, neue Methoden zu entwickeln, sich der Philosophie der Cloud Provider anzupassen. Bei allem muss aber sichergestellt sein, dass dem Business die bisherigen Services in der gewohnten Qualität zur Verfügung stehen und es müssen trotz des Transfers von Services in die Cloud Technologie die bestehenden Prozesse eingehalten werden. Schliesslich muss das Management Wege und Methoden finden, die Cloud Technologie sicher im Sinne von Compliance und Information Sicherheit nutzen zu können.

Das Unternehmen muss bereit sein, eine neue Dynamik anzunehmen. Die Prozesse müssen fähig sein, der Dynamik der Veränderungen der Cloud Provider zu folgen. Auch die Mitarbeitenden, und dies gilt nicht nur für IT Operations und Software Entwicklung, müssen bereit sein, der neuen Dynamik zu folgen.

Cloud Security Grundlagen

Dies führt insgesamt dazu, dass das Unternehmen seine Governance anpasst und neue Verhaltensregeln festlegt. Zudem werden neue Prozesse definiert.

Schliesslich muss Klarheit bestehen, dass der Übergang zur Cloud Technologie eine Transformationsphase erfordert. Es muss der Pfad weg von den bestehenden Prozessen und Infrastrukturen hin zu den neuen Services und Strukturen geplant und umgesetzt werden. Dies bedeutet Veränderungen und Unsicherheiten, nicht nur in den Prozessen, sondern auch bei den Mitarbeitenden. Viele der Mitarbeitenden werden die Meinung entwickeln, dass sie den neuen Technologien und Methoden nicht gewachsen sind und möglicherweise ersetzt werden. Dem tritt das Management entgegen, indem eine Fehlerkultur entwickelt wird die bedeutet, dass Fehler in der Transformationsphase erlaubt sind und nicht auf das Fehlverhalten der Mitarbeitenden zurückzuführen ist. Aus vielen Untersuchungen geht hervor, dass die Unternehmen überwiegend eine Zeitspanne von 2 bis 5 Jahren für die Transformationsphase einplanen.

Was bedeutet weiterhin die Nutzung der Cloud Technologie?

Zusammenhang zwischen GCR und ISMS

Wie bereits ausgeführt muss sich das Management bewusst sein, wie Governance, Compliance, Risk GCR und ISMS zusammenwirken. Eine Übersicht liefert die nachfolgende Grafik:

Cloud Security Grundlagen

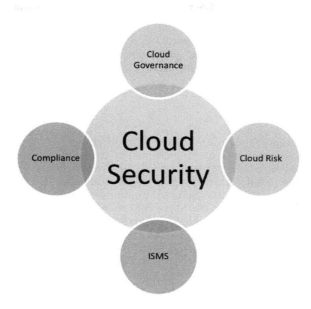

An dieser Stelle zunächst ein Überblick der Zusammenhänge. Die Folgen in den einzelnen Bereichen werden anschliessend beschrieben.

So bewirkt die Cloud Security Massnahmen in der Governance. Diese wird erweitert um die Cloud Governance.

Die Cloud Security hat ebenfalls Auswirkungen auf Risk und IT Risk, welches um den Bereich Cloud Risk erweitert wird.

Weiterhin Compliance, die sich betreffend der Cloud Technologie mit neuen Gesetzgebungen und Regulatorien auseinandersetzen muss.

Cloud Security Grundlagen

Schliesslich das ISMS, das die Cloud Technologie in seinen Richtlinien berücksichtigen muss, seine Prozesse anpasst und allenfalls neue Technologien beschreibt um Information Sicherheit zu gewährleisten.

Governance

Zuerst wird das Unternehmen neue Verhaltensregeln und einen neuen Kodex festlegen. Wie bereits beschrieben ist für die Transferphase ein neues Verständnis nötig wie mit unvermeidbaren Fehlern und Rückschlägen umzugehen ist. Mittels einer Fehlerkultur, die diese Situation beschreibt und die aussagt, dass Fehler Lernpotential bringen, wird dem entgegnet. Zudem ist das Ziel, die Mitarbeitenden für die neue Technologie zu motivieren und die Bereitschaft zu bringen, sich neue Fähigkeiten und neue Methoden anzueignen. Die Cloud Technologie bringt eine neue Dynamik in das Unternehmen und neue Prozesse sowie Strukturen wie DevOps. Dies erfordert neues Denken und Verhalten und muss in den Verhaltensregeln abgebildet werden.

Weiterhin wird die Governance um die Cloud Governance ergänzt.

Die Cloud Governance beschreibt zunächst die neuen Strukturen und Prozesse, die für die Nutzung der Cloud Technologie erforderlich sind. Gerade die Nutzung der Container Technologie bringt DevOps und CI/ CD mit sich um die Technologie effektiv nutzen zu können und um die gewünschte Agilität für das Business generieren zu können. Dies bedeutet aber auch das Bilden neuer Teams und die Bereitschaft, agile Methoden einzusetzen. Dies bedeutet aber auch dass für das Unternehmen generell der agile Ansatz zum Tragen kommt.

Cloud Security Grundlagen

Eine Vielzahl von Untersuchungen und Studien zeigt jedoch, dass Agilität für DevOps von den ausführenden Teams Entwicklung und Operating oftmals getragen und gelebt wird, dass Agilität aber ab dem mittleren Management nicht mehr getragen wird. Von daher ist es wichtig, den Ansatz der Agilität in der Cloud Governance und in den Verhaltensregeln festzulegen. Und es ist wichtig, dass der Ansatz der Agilität vom Management getragen wird.

Die Cloud Governance gemeinsam mit dem ISMS wird Richtlinien beschreiben, wie die Agilität in den Cloud Architekturmodellen berücksichtigt wird. Eine Richtlinie könnte zum Beispiel sein, dass bevorzugt die Container Technologie für Services zum Einsatz kommt. Sollte dies technologisch nicht realisierbar sein, dann eine PaaS Lösung. Auch könnte eine Richtlinie sein, dass eine Multi Cloud Architektur umzusetzen ist um den agilen Ansätzen mehrerer Cloud Provider folgen zu können.

Weiterhin wird die Cloud Governance eine Exit Strategie für die Cloud Services beschreiben. Also Vorgaben treffen, nach welchen Kriterien ein Cloud Provider gewechselt wird und wie dieser Wechsel erfolgen soll. Zudem Richtlinien an die Architektur der Services, um den Wechsel einfach zu gestalten und um keine Abhängigkeit von einem Cloud Provider zuzulassen.

Schliesslich wird die Cloud Governance noch eine Zeitspanne für die Transformationsphase beschreiben.

Cloud Security Grundlagen

Cloud Risk

Cloud Security steht in direktem Zusammenhang mit IT Risk, welches um Cloud Risk erweitert wird. Cloud Risk behandelt das Risiko, das sich durch veränderte Prozesse ergibt.

Weiterhin berücksichtigt Cloud Risk die Notwendigkeit, dass neue Skills benötigt werden. Die Mitarbeitenden müssen sich die neuen Skills aneignen und Praxis gewinnen. Da die neuen Skills unmittelbar für die Umsetzung der Cloud Technologie benötigt wird, muss in der Produktivumgebung gearbeitet werden. Der Lernprozess erfolgt also im produktiven Umfeld und es besteht hier das Risiko von Fehlern und nicht funktionablen Services und Service Unterbrüchen.

Cloud Risk berücksichtigt auch, dass bei der Verlagerung von Services zur Cloud Technologie unvorhergesehen weitere Skills benötigt werden, die unternehmensintern nicht verfügbar sind und allenfalls auch extern nicht im gewünschten Zeitrahmen vorhanden sind.

Schliesslich berücksichtigt Cloud Risk die Transformationsphase. Hier das Risiko, dass Services Unterbrüche erfahren oder ungeplant nicht verfügbar sind. Zudem das Risiko, dass Mitarbeitende aufgrund von Verunsicherung das Unternehmen verlassen und dass damit Wissen über die bestehenden Services und Prozesse und allenfalls gerade neu erworbenes Wissen verloren geht.

Cloud Security Grundlagen

ISMS

Ebenfalls hängt das ISMS direkt mit der Cloud Security zusammen.

Zuerst wird das ISMS neue Prozesse und Richtlinien für den Einsatz der Cloud Technologie definieren. Zum Beispiel die Prozesse wie das Business neue Services beauftragt und wie diese Services in der Cloud Technologie bereitgestellt werden.

Weiter definiert das ISMS technische Massnahmen für die einzelnen Cloudobjekte Iaas, PaaS und CaaS.

Für IaaS und PaaS gemeinsam zum Beispiel Vorgaben über die technischen Massnahmen zum Erreichen der Information Sicherheit. Die technischen Massnahmen werden im zweiten Band dieses Buches vertieft.

Compliance

Eine grosse Herausforderung für die Compliance sind der Datenschutz und der US CLOUD Act. Wie im Kapitel „Datenschutz in der Cloud" beschrieben können die Europäischen und Schweizer Datenschutzgesetze eingehalten werden, wenn die Compliance einen Ort innerhalb der EU oder der Schweiz vorgibt, an dem der Cloud Provider seine Rechenzentren unterhält. Damit ist erreicht, dass die Cloud Services Daten innerhalb des Rechtsraums der EU oder der Schweiz speichern und verarbeiten.

Schwieriger ist es beim Umgang mit dem US CLOUD Act, denn er sieht vor, dass US Behörden und Geheimdienste jederzeit Zugriff auf die Daten der Cloud Provider erhalten, selbst dann, wenn die Daten ausserhalb der USA gespeichert werden. Und dass es

Cloud Security Grundlagen

dem Cloud Provider untersagt ist, den Consumer über den Vorfall zu informieren.

Eine Möglichkeit wäre, die Governance entsprechend anzupassen und den Umstand zu akzeptieren. Allerdings besteht eine ungeklärte Rechtssituation. So könnte die Rechtssprechung in der EU oder der Schweiz zum Ergebnis kommen, dass der CLOUD Act einen Verstoss gegen die Datenschutzgesetze darstellt. Aktuell gibt es allerdings keine Rechtssprechung zu diesem Umstand.

Eine andere Möglichkeit sind technische Massnahmen die dazu führen, dass ausschliesslich Datenverschlüsselung in den Cloud Services vorliegen muss. Dies sowohl bei der Datenübertragung als auch bei der Datenspeicherung. Dabei muss für den Consumer die Möglichkeit bestehen, die Cloud Services entsprechend seinen Vorgaben konfigurieren zu können.

Eine weitere technische Massnahme ist das ausschliessliche Bereitstellen von anonymisierten Daten in der Cloud, so wie dies bereits in den Bereichen Machine Learning und Analyse Berechnungen der Fall ist.

Die entsprechenden technischen Massnahmen beschreibt das ISMS.

Schliesslich eine letzte Variante für die Compliance, indem gemeinsam mit Richtlinien der Governance vorgegeben wird, dass keine personenbezogenen Daten in der Cloud Technologie gespeichert oder verarbeitet werden dürfen. Dies würde dann zumindest die Architektur der Hybrid Cloud mit der Kombination von Private und Public Cloud vorschreiben.

Cloud Security Grundlagen

Anmerkungen zu den Kosten

Abschliessend noch einige Anmerkungen zum Bereich Kosten bei Nutzung der Cloud Technologie.

Bei vielen Unternehmen überwiegt der Gedanke, dass sich mit Einführung der Cloud Technologie die Betriebs- und Personalkosten senken liessen. Die Betriebskosten deswegen, weil der Cloud Provider durch die Standardisierung seiner Lösungen und Prozesse die Services wesentlich günstiger anbieten kann als dies im eigenen Rechenzentrum der Fall wäre. Personalkosten liessen sich dadurch senken, indem für die Bereitstellung der Services nicht mehr das Personal in dem Umfang benötigt wird als dies bei einem eigenen Rechenzentrum der Fall ist.

Betreffend der Betriebskosten muss klargestellt werden, dass der Cloud Provider nicht alles übernimmt. Bei allen Cloud Objekten wie PaaS, CaaS und SaaS übernimmt der Provider die Betriebs- und Wartungskosten, nicht aber bei IaaS. Ausserdem übernimmt der Provider keine Kosten für die Konfiguration und das Herstellen von Information Sicherheit im Sinne des ISMS. Hier werden immer noch Aufwände beim Betriebspersonal des Consumers bleiben.

Ein weiterer Aspekt betreffend der Kosten ist, dass keine Abhängigkeit vom Cloud Provider entstehen darf. In der Vergangenheit hatten mehrere Provider die Philosophie, Cloud Services teilweise kostenlos oder wenigstens zu einem sehr geringen Preis anzubieten. Bei steigender Nutzung der Services wurden dann aber die Preise teilweise sehr deutlich angehoben. Das Unternehmen wird also permanent Personal Aufwände haben, um die Preismodelle der Provider zu

Cloud Security Grundlagen

analysieren und Trends zu beobachten, um allenfalls im Rahmen der festgelegten Exit Strategie einen Wechsel der Cloud Services durchzuführen.

Eine weitere Überlegung betrifft die Transformationsphase weg vom klassischen Rechenzentrum hin zur Cloud Technologie. In dieser Phase erfolgt ein Parallelbetrieb von den Services, die noch im klassischen Rechenzentrum bereitgestellt werden und den Services, die bereits in der Cloud sind. Tatsächlich muss davon ausgegangen werden, dass eine weitere Infrastruktur mit Personal zu besetzen ist, was die Kosten ansteigen lässt. Zudem berechnen während des Parallelbetriebs bereits die Cloud Provider ihre Services, was zu einem Anstieg der Betriebskosten führt. Schliesslich in dieser Phase noch die Situation, dass Wissen aufgebaut werden muss und dass allenfalls externe Unterstützung nötig ist.

Die nachfolgende Checkliste fasst nochmals die Ergebnisse zusammen.

Cloud Security Grundlagen

Checkliste Massnahmen zur Cloud Security

Bereich	Massnahme
Alle	Aufbau neuer Skills bei den Mitarbeitenden
Compliance	Umsetzung Datenschutz
Compliance	Umgang mit US CLOUD Act
Compliance	Anpassungen gemäss Vorgaben von Governance, Datenschutz, ISMS, Risk
Governance	Cloud Technologie verändert die Unternehmen Philosophie
Governance	Kodex anpassen, Fehlerkultur einführen
Governance	Neue Prozesse. Agilität, DevOps etc.
Governance	Exit Strategie
Governance	Cloud Strategie
Governance	Einführung Service Owner Cloud
Governance	Anpassungen Vertragsmanagement an Cloud Technologie
Governance	Führen Issues Management
Governance	Anpassen Service Level Management für Cloud Services
Governance	Einführen Rechnung Management für Cloud Technologie

Cloud Security Grundlagen

Governance	Richtlinie zur Vermeidung des Vendor Lock
Governance	Richtlinie betreffend Risk Strategie Cloud Technologie
Governance	Richtlinie Risikoakzeptanz Cloud Technologie
Governance	Anpassen entsprechend ERM
Governance	Risk Appetite für Cloud Technologie definieren
Governance	Anpassungen der Information Sicherheit vorgeben
Governance	Umgang mit US CLOUD Act
ISMS	Richtlinien zur Analyse der Cloud Provider
ISMS	Cloud Architekturmodelle beschreiben, zum Beispiel CaaS
ISMS	Umgang mit US CLOUD Act
ISMS	Massnahmen Katalog um Cloud Technologie erweitern
ISMS	Erweitern um Risiko des Cloud Providers
ISMS	Anpassen der Kontrollmechanismen gegenüber dem Cloud Provider
ISMS	Leitlinie welche Cloud Services konsumiert werden sollen
Risk	Umgang mit neuen Skills
Risk	Transformationsphase

Cloud Security Grundlagen

Risk	Fehlerkultur
Risk	Einhaltung der Funktionalität der Services
Risk	Sicherheit der Cloud Services
Risk	Umgang mit US CLOUD Act
Risk	Erweitern um ERM
Risk	Erweitern um Cloud Technologie
Risk	Änderung der Organisation im Unternehmen aufgrund Einführung Cloud Technologie
Risk	ERM definiert Ziele und Rolle der Cloud Technologie im Unternehmen
Risk	ERM definiert Cloud Strategie gemeinsam mit Governance
Risk	Anpassen Risikostrategie für die Nutzung von Cloud Technologie
Risk	Erweitern um Risk Einschätzung der Cloud Provider
Risk	Wahrscheinlichkeit eines Cyber Angriffs auf den oder die Cloud Provider
Risk	Berücksichtigen CI/ CD
Risk	Berücksichtigen DevOps und neue Prozesse

Cloud Security Grundlagen

Nun zum Abschluss dieses Buches noch zwei Anmerkungen.

Die Cloud Technologie bringt grosse Veränderungen für die Unternehmen und das Business. Es werden neue Technologien möglich die so in klassischen Rechenzentren nicht oder nur schwer realisierbar sind. Es kommen neue Prozesse, die für das Business eine schnellere Time to Market Situation bringen. Und es ist zu erwarten, dass diejenigen Unternehmen die frühzeitig auf die Cloud Technologie setzen, einen deutlichen Wettbewerbsvorteil haben.

<u>Deshalb</u>: Sind Sie mutig und planen Sie überlegt und strukturiert die Migration zur Cloud Technologie.

Dieses Buch hat die organisatorischen und strukturellen Massnahmen beschrieben um die Cloud Technologie sicher nutzen zu können.

Der zweite Band befasst sich mit den technischen Massnahmen, die in der Cloud Technologie umgesetzt werden können. Besonders wird hierbei auf PaaS und CaaS Lösungen Rücksicht genommen.

Appenzell, im Juni 2018

KAPITEL NEUN

Quellenverzeichnis

[1] https://www.gartner.com/newsroom/id/1035013, Zugriff am 13.06.18

[2] NIST Special Publication 800-145, 2011

[3] https://de.wikipedia.org/wiki/Demingkreis#/media/File:PDCA_Process.png, Zugriff am 14.06.18

[4] KPMG Cloud Monitor 2017

[5] https://www.computerwoche.de/a/die-top-5-cloud-trends-2017,3326633,2 , Zugriff am 14.06.18

[6] https://www.it-markt.ch/news/2018-05-02/aufholjagd-im-cloud-geschaeft-auf-kosten-der-kmus, Zugriff am 14.06.18

[7] IDC, Cloud Computing in der Schweiz 2016

[8] https://www.forbes.com/sites/louiscolumbus/2017/11/07/forresters-10-cloud-computing-predictions-for-2018/#4e8ff66e4ae1, Zugriff am 18.06.18

[9] https://eur-lex.europa.eu/legal-content/DE/TXT/?uri=CELEX%3A32016R0679, Zugriff am 28.6.18

[10] Bundesgesetz über den Datenschutz, Quelle AS 1993 1945 https://www.admin.ch/opc/de/classified-compilation/19920153/index.html

[11] COSO Guidance on Enterprise Risk Management 2017, https://www.coso.org/Documents/2017-COSO-ERM-Integrating-with-Strategy-and-Performance-Executive-Summary.pdf, Zugriff am 29.6.18

[12] Schnelleinstieg in die Informationssicherheit, Dipl. Ing. Uwe Irmer, ISBN 9783744873857

[13] ISO IEC 27001, aus https://www.iso.org/isoiec-27001-information-security.html, Zugriff am 29.6.18

[14] ISO 27001:2013, aus https://www.iso.org/standard/54534.html, Zugriff am 29.6.18

[15] ISO 27001:2013 aus http://www.compliance-net.de/iso27001_2013, Zugriff am 29.6.18

[16] ISO 27002:2013, aus https://www.iso.org/standard/54533.html, Zugriff am 29.6.18

[17] ISO 27006:2015, aus https://www.iso.org/standard/62313.html, Zugriff am 29.6.18

[18] ISO 38500:2015, aus https://www.iso.org/standard/62816.html, Zugriff am 29.6.18

[19] https://searchcloudapplications.techtarget.com/tip/Consider-costs-when-selecting-a-cloud-deployment-model, Zugriff am 29.6.18

[20] https://searchcloudapplications.techtarget.com/tip/Consider-costs-when-selecting-a-cloud-deployment-model, Studie TechTarget CLoud Architekturen, Zugriff am 29.6.18

[21] https://www.iso.org/standard/51986.html, ISO 20000, Zugriff am 29.6.18

[22] Dipl. Ing. Uwe Irmer, Schnelleinstieg in die Informationssicherheit, ISBN 3744873854, 9783744873857